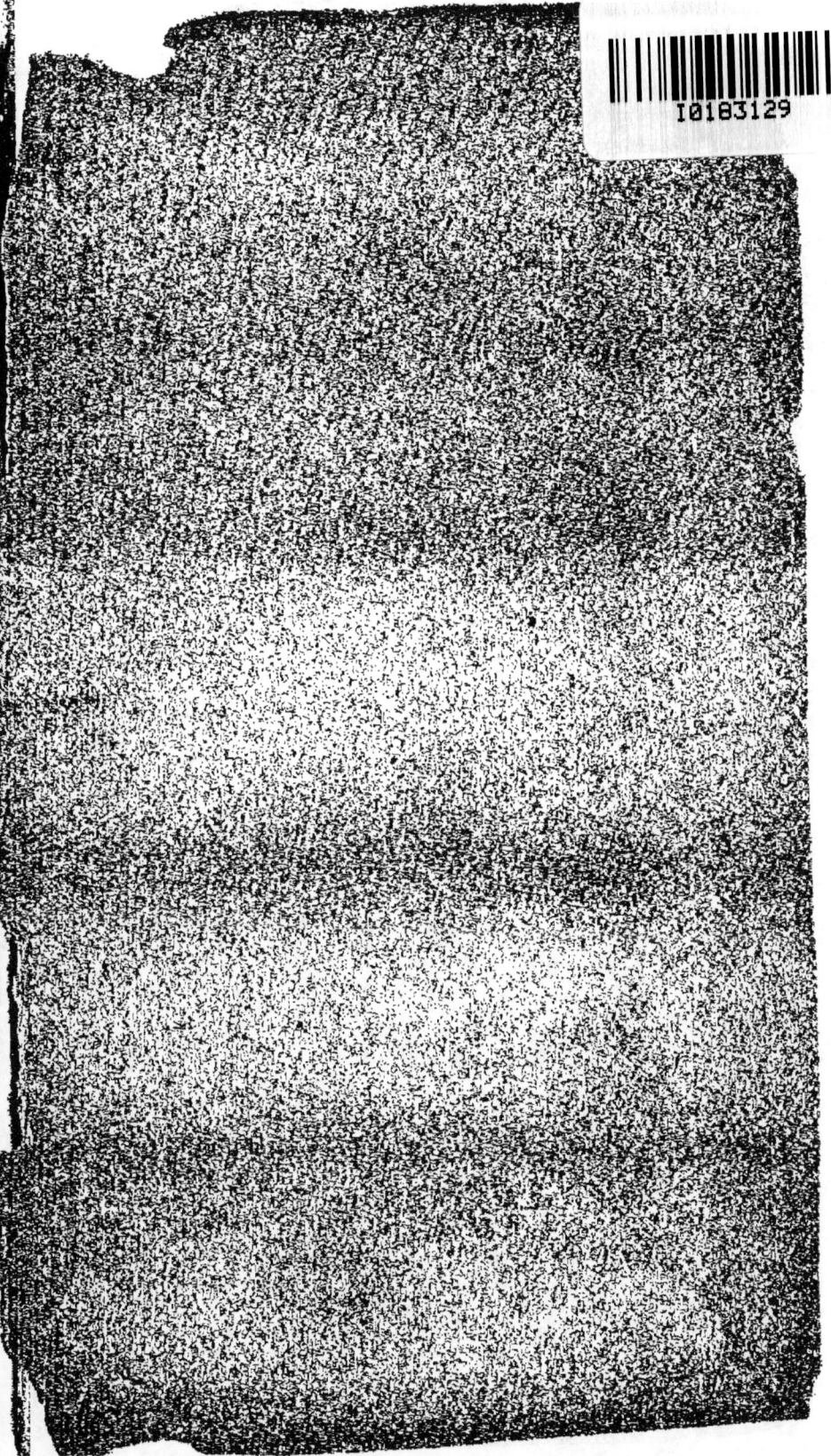

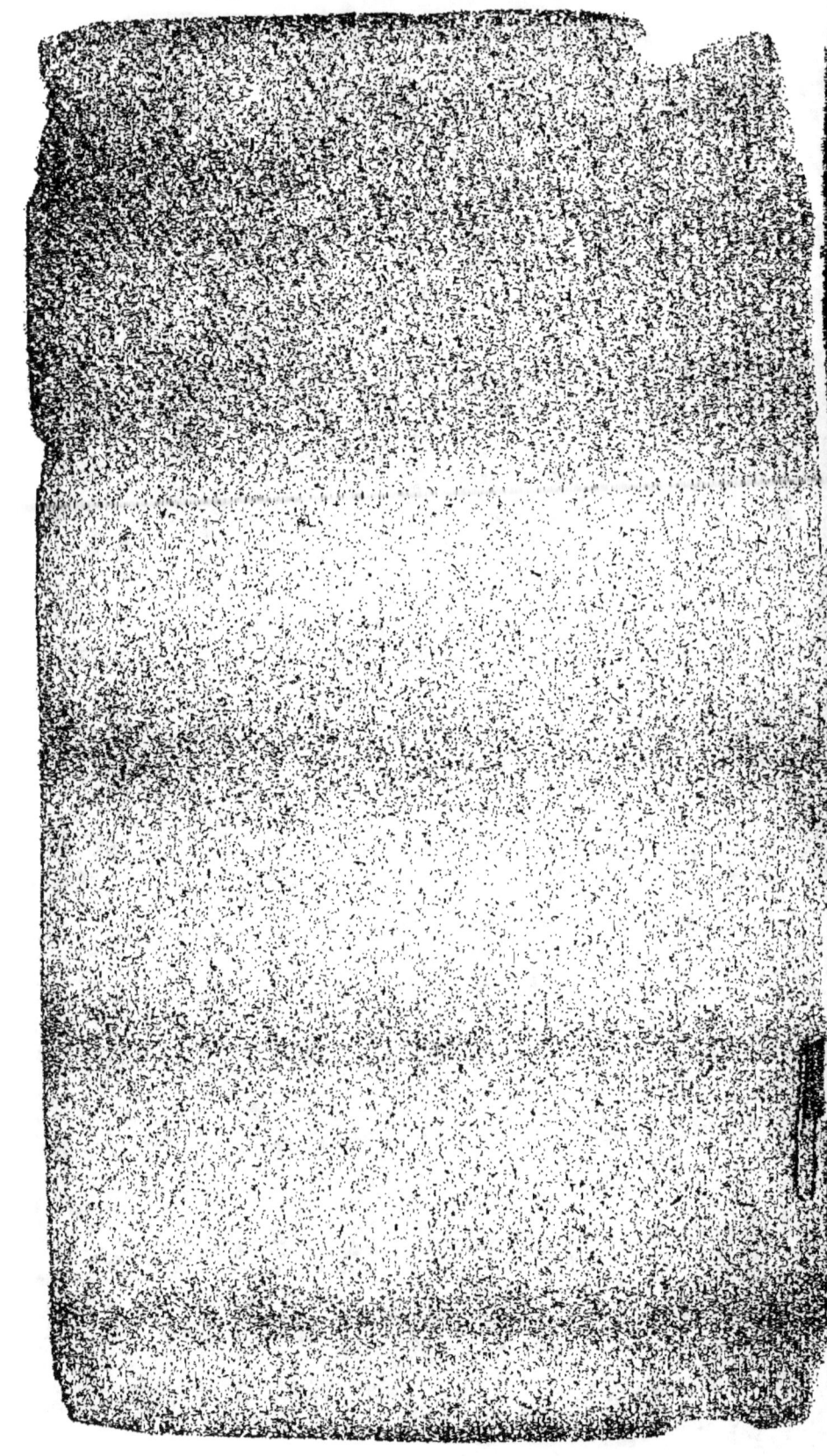

Guide Complet

pour

La fabrication du Cidre

les herbages, irrigations,

drainages et oseraies.

S   2819

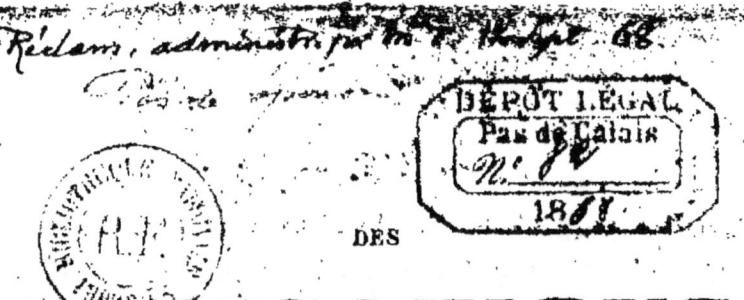

DES
IRRIGATIONS
Prairies et Pâturages.

Notre but est d'indiquer les méthodes les plus convenables pour établir et aménager les prairies permanentes, de manière à en tirer le plus de produits possibles, notamment par l'irrigation, ce puissant moyen qui a amené les prairies de *Fléchin* et autres dans le Pas-de-Calais à une perfection telle qu'elles peuvent être offertes en modèles : notre désir est de faire partager par nos lecteurs une conviction intime sur la nécessité d'augmenter et d'améliorer le rendement des prairies destinées au fauchage ou au pâturage. Qu'on se rappelle d'ailleurs que *Jacques Bujault* a dit : *Si tu veux du blé fais des prés,* » et nous aurons la certitude de ne pas avoir travaillé dans le vide.

Il faut avouer, dit *Lecouteux,* qu'il nous reste beaucoup à faire pour créer des prairies permanentes. En général, notre agriculture livre trop de terrains à la charrue et pas assez à l'engazonnement. La culture améliorante comprend trop peu la puissance du brin d'herbe dans beaucoup de terres où il serait facile de créer d'excellentes prairies ou de bons pâturages. Vienne la nécessité de plus en plus impérieuse, faute de bras ou pour d'autres raisons, d'augmenter notre bétail, et l'étendue de notre domaine labourable se réduisant afin de mieux concentrer les fumures, une alliance se fera sur beaucoup de grandes fermes, entre la culture *intensive*, basée sur le labourage avec engrais, et la culture *extensive*, basée sur le pâturage. Les Anglais sont entrés depuis longtemps dans cette voie, car ils n'ignorent pas que plus on a de bestiaux, plus on obtient d'engrais, et que ce n'est pas ce qu'on sème, mais bien ce qu'on fume, qui produit. La force des choses nous y poussera dans les contrées qui ont une certaine faculté herbifère.

Les principes de la culture améliorante, la seule rationnelle, nous démontrent jusqu'à l'évidence qu'aucune dépense ne doit être refusée pour obtenir des fourrages naturels. C'est la base de la culture, dit *Gobin*; c'en est aussi le point de départ. C'est là que réside toute la supériorité de la culture des Anglais sur la nôtre.

Il résulte des dernières statistiques agricoles que la France ne possède en prairies que le dixième du sol cultivable, alors que l'Angleterre y consacre les deux tiers de son territoire, et la Hollande et la Suisse près de la moitié.

I. — Formation des Prairies et Pâturages.

La praticulture est une branche très-importante de l'agriculture qui mériterait beaucoup plus d'attention qu'on n'y a donné jusqu'ici. Par l'irrigation, nous utilisons un engrais dont la production ne nous coûte aucune peine, et avec peu de frais nous avons un moyen très-efficace pour favoriser la croissance des plantes. L'eau, par les diverses substances qu'elle tient presque toujours en suspension, féconde le sol, abrite et alimente les plantes prairiales. Elle détruit les mousses et les mauvaises herbes qui aiment la sécheresse ; elle entretient dans le sol l'humidité nécessaire aux bonnes plantes et fait périr les animaux nuisibles, tels que taupes, souris, vers blancs, etc. Il est à regretter que cet aliment à bon marché, si utile pour améliorer les prés et pour en augmenter les produits, ne trouve pas une application aussi générale qu'il le mérite.

Dans beaucoup de contrées, il existe encore de grandes superficies marécageuses ou improductives qu'il serait très-facile d'améliorer par le drainage, par un système pastoral mieux entendu et par des compositions ou conservations plus intelligentes des engrais, pour en tirer un produit abondant. Il y a aussi beaucoup de prairies dont on pourrait augmenter la valeur et le revenu par le dessèchement et l'irrigation ; car un des plus grands défauts dans l'aménagement des prairies consiste dans l'inattention de débarrasser le sol des eaux stagnantes ou souterraines, et à ne pas les utiliser plus loin et plus bas quand cela est possible. On doit chercher à combiner dans les sols humides l'irrigation avec le drainage, et c'est alors que tous deux produisent de merveilleux résultats. Toutes les fois qu'en dessous des terres drainées on a des terrains propres à l'établissement d'une prairie, on doit faire servir à l'irrigation les eaux de drainage, car le moindre filet d'eau est toujours en ce cas une bonne trouvaille, dût-on l'employer à emplir les réservoirs ou bassins dont nous parlerons plus loin.

Quand on veut former une prairie arrosable et permanente, il faut, si le terrain n'a pas une pente convenable, lui en donner une à partir du barrage d'eau d'un à deux centimètres par mètre courant, et s'il faut y faire des terrassements, en mettant à nu une terre peu végétale, il est nécessaire de fumer, cultiver *profondément* ce terrain, de l'épierrer et d'y semer auparavant des céréales, avec engrais, pendant un an ou deux.

Plus la surface d'une prairie est unie, avec toutefois la pente que nous venons d'indiquer, plus l'irrigation est facile et efficace.

Pour connaître la pente générale, on se sert d'un niveau d'eau, et, afin que l'eau oscille moins dans les tubes, on les bouche en ne laissant qu'une petite ouverture qui permette l'entrée de l'air pour que l'équilibre s'établisse. Quand l'eau est rougie, on aperçoit plus facilement et plus nettement le point de mire.

Pour donner aux prairies une pente uniforme, on peut se servir, outre le niveau d'eau, d'un compas ou niveau de maçon, ayant la forme d'un A, dressé sur le milieu d'une règle de bois, longue de 2 à 3 mètres au moins. Un fil à plomb sera fixé à la pointe de l'A, et des divisions seront indiquées sur la barre transversale, pour fixer la pente par mètre courant. Pour que cette règle soit moins sujette à s'écarter de la ligne droite, on la fait façonner avec deux lattes parfaitement rabotées et que l'on fixe solidement l'une à l'autre par des chevilles noyées dans le bois, de manière que les deux lattes n'en fassent qu'une. En retournant ce niveau et en fixant la pointe sur un bâton, on peut s'en servir pour niveler la pente générale; on change à cet effet le fil à plomb. Il faut vérifier fréquemment l'exactitude de cette règle.

Lorsqu'il s'agit d'opérer des nivellements, on doit agir avec la plus grande économie et conséquemment se baser toujours sur les inclinaisons ou mouvements naturels du terrain à arroser, de manière à diminuer le plus possible les terrassements qui coûtent toujours cher, en observant néanmoins les considérations fondamentales que nous indiquons.

Les versants et les dépressions de terrains admettent des formes courbes et irrégulières, avec une étendue variable selon les mouvements du sol qu'on doit chercher à utiliser, en faisant suivre par la maîtresse rigole ou rigole d'amenée les parties les plus élevées. Les prises d'eau sur cette rigole seront réglées pour faire circuler l'eau sur la plus grande surface possible, d'une manière régulière et appropriée à ces terrains diversement inclinés.

Si la pente, à partir de la maîtresse rigole, était trop forte, l'eau ferait coucher l'herbe, ne s'arrêterait pas assez pour donner son engrais aux plantes et ravinerait le sol. L'effet de l'eau est d'autant meilleur que sa marche est plus paisible sur la surface du gazon.

On a recours aux ados successifs, larges de 12 à 16 mètres, si la pente ne peut être suffisante pour que l'eau ne soit pas stagnante et ne produise pas ainsi des joncs ou roseaux. La rigole d'amenée sur l'éminence des ados ne doit avoir qu'une faible pente, pour qu'on puisse mieux régulariser la distribution de l'eau sur les pentes latérales. Sa section doit toujours aller en décroissant de l'origine à l'extrémité. Les rigoles d'écoulement placées dans la ligne inférieure de rencontre de deux versants ont une section qui augmente en sens inverse de celle d'amenée. Elles doivent avoir plus de pente pour obtenir un prompt écoulement.

La plus grande longueur des ados est de 40 mètres;

La largeur de chaque aile de 6 à 8 mètres;

La pente de chaque aile de 3 à 5 centimètres par mètre.

Cette méthode d'arrosage en ados, avec plans inclinés, est la plus parfaite qu'on connaisse, mais elle coûte davantage.

Le terrain devra être *profondément* labouré, sec et poreux, (à défaut drainé), en très-bon état de culture et d'engrais dès l'année précédente, puis bien et complétement *nettoyé de mauvaises herbes* par de minutieux sarclages, avant de faire les semailles de la prairie à créer. En général il ne faut pas que l'époque du dernier labour soit trop rapprochée de celle des semis ; les graines lèvent inégalement dans une terre *creuse*, qui n'a pas eu le temps de se tasser elle-même par le repos après labour. Ainsi que le prescrit *Goetz*, on doit se servir de guano et fumer fortement la première année, surtout s'il s'agit de créer un pâturage, afin d'obtenir d'abord un état de haute production et qu'ensuite il ne reste plus qu'à l'entretenir d'engrais. Si le sol est léger, il faut le rouler ou le faire plomber par le bétail ; s'il est tourbeux ou humide il faut le dessécher. Quant au sol argileux et compacte, il faut le chauler.

Il serait fort avantageux que le terrain fut défoncé de 50 à 60 centimètres; nous ne saurions trop insister sur cette recommandation. On va se récrier : n'importe et qu'on se rappelle que sur un fossé profond d'un mètre et recomblé ensuite, on fauche l'herbe deux ou trois fois dans l'année ; c'est toujours bon à savoir, ne serait-ce que pour utiliser en hiver des bras qui sont inactifs ou pour améliorer les places maigres dans les herbages.

Les plantes fourragères croissent spontanément ou par la culture, et elles se plaisent dans les terrains frais ou accessibles aux irrigations. Alors, elles s'élèvent haut, jettent beaucoup, et sont riches en parties aqueuses et en substances vertes ou séchées.

Les herbes croissant spontanément dans les environs sont un guide sûr pour le choix de celles à semer. Pour éviter des déceptions, il serait nécessaire de former à l'avance des pépinières d'herbes par lots et espèces séparés. Avec les semences qu'on y récolterait on pourrait compter sur une réussite certaine. Si les diverses graines d'herbes ne sont pas de même poids, il faut les semer séparément pour que le mélange soit plus égal.

Il est préférable de semer l'herbe seule au printemps et mieux en été, dans un sol *profondément remué* et en bon état d'engrais, ne l'oublions pas, bien que quelques auteurs conseillent à tort de la semer en automne. On herse, puis on sème, on couvre la semence avec un léger râteau de bois ou une herse légère et renversée pour que les graines ne soient pas enfouies au delà de 5 centimètres, et en tasse ensuite le terrain avec un rouleau. Quelques praticulteurs ne font que passer le rouleau après le semis et s'en trouvent bien. Le tassement du sol accélère et facilite la germination des graines en les mettant en contact immédiat avec la terre végétale.

La physiologie des végétaux nous apprend que les graines ne germent bien qu'à l'abri de la lumière et que l'oxigène, l'humidité et la chaleur sont indispensables au développement du germe de la plante. Les graines d'herbes confiées au sol ont, en effet, de la peine à lever lorsqu'il est dépourvu d'humidité et finissent même par perdre leurs facultés germinatives pour peu que cette situation se prolonge. On obvie à cet inconvénient par le tassement du sol, comme nous venons de le dire, ou par une une légère irrigation de quelques heures superficiellement, soit par infiltration.

Si le sol n'était pas bien débarrassé de mauvaises plantes, il conviendrait doublement de ne l'ensemencer qu'en été, après la pousse et la destruction des mauvaises herbes printannières.

Si l'on sème l'herbe dans de l'avoine ou du blé, au mois de mars ou avril, il faut herser et rouler, puis couper ou faire paître le tout en vert pour éviter que les céréales étouffent la jeune herbe, et que les mauvaises herbes en mûrissant répandent leurs semences après la récolte ; on tassera le collet des plantes avec un rouleau. Les céréales, en ce cas, doivent être semées clair et en lignes pour faciliter les sarclages avant les semailles de graines d'herbes.

On ne peut rien gagner à associer la semence d'herbes à une culture qui l'étouffe et l'affame. L'herbe en ce cas passe sa première année à souffrir, car elle n'a ni assez d'air et de soleil ni assez d'aliments ; elle ne commence réellement à avoir ses aises qu'au moment où la récolte étouffante est coupée. Le mal enduré pendant plusieurs mois ne se guérit pas, l'herbe a perdu de sa force, ses racines, contrariées dans leur premier développement, se ressentent de cette contrariété et ce que l'on croit gagner en récolte de céréales est perdu d'un autre côté au double.

Un auteur conseille de semer sur la neige ; mais il est à craindre que les oiseaux, privés alors de nourriture, ne ramassent la semence.

Quand on doit ensemencer d'herbes un terrain attenant à une bonne prairie, on économise les frais de semence en fanant l'herbe de la prairie sur toute la surface de celle à créer. Si cette herbe contenait quelques mauvaises plantes, il faudrait les enlever avant ou immédiatement après le fauchage. Ce moyen est le meilleur et le moins coûteux si le terrain est profondément labouré, bien préparé et en bon état d'engrais.

Evitez, dans tous les cas de semer des graines recueillies dans les greniers à foin, à moins, ce qui est rare, qu'elles ne viennent d'une prairie complètement délivrée de mauvaises herbes.

La meilleure semence qui n'offre pas de mécomptes est celle qu'on récolte soi-même en pépinière ou en faisant suivre le faucheur par des femmes ou des enfants qui égrènent les épis encore droits.

Les semailles doivent être suivies immédiatement d'un roulage qui fixe mieux la semence, égalise le terrain et rend l'herbe plus drue et par suite plus fine, facilite l'irrigation, la coupe de l'herbe et même la dépaissance.

Tout cultivateur intelligent n'ignore pas que les meilleures plantes fourragères ou de prairies sont celles dont les tiges et fanes offrent aux bestiaux une nourriture propice et recherchée par eux.

Si l'on pouvait se procurer de bonnes tranches de gazon à appliquer sur le terrain à convertir en prairie, cette opération donnerait un succès assuré, des produits immédiats et aussi abondants que dans les prairies créées depuis un certain nombre d'années. La méthode ordinaire des semailles ne donne, on le sait, une production complète qu'après 5 ou 6 ans.

Pour user de ce moyen il faut avoir une prairie à rompre; à défaut on n'enlève à la prairie que des carrés de gazons de distance en distance par un écobuage partiel et alors les racines des gazons qui restent et celles sous les gazons enlevés tracent et garnissent en quelques mois les endroits dépouillés qui, plus tard, sont utilement amendés et recouverts par des composts ou des terres mêlées d'un peu de chaux, comme nous l'indiquerons au chapitre de l'*entretien des prairies* et *pâturages*.

Quand le terrain est destiné au pâturage, nous conseillons de semer l'herbe avec un mélange de luzerne, sainfoin et trèfle, pour avoir, les premières années, des récoltes abondantes et certaines. La luzerne donne un produit annuel, pendant plusieurs années, de 3 à 400 francs par hectare et finit, quand elle a été bien amendée et sarclée, par donner un bon gazon.

Les pâturages doivent être divisés en petits clos, pour

éviter que les bestiaux y nuisent plus par leur piétinement que par la dépaissance. Dans un espace restreint, ils broutent presque tout et se promènent peu. Ils doivent être abrités par des haies contre les vents de l'ouest et du nord. Nous ne saurions trop insister sur cette recommandation.

L'abondance des pâturages permet d'ailleurs de tenir avec avantage un plus grand nombre de bestiaux, de se soustraire aux dépenses considérables qu'entraîne l'élévation des prix du travail pour la culture et la moisson dans les terres labourables, d'avoir ainsi une plus grande quantité de fumiers de ferme et, par suite, des récoltes plus abondantes avec moins de terres et de frais de culture.

La culture améliore les prairies, soit par une sage combinaison d'amendements, soit par la destruction des espèces nuisibles ou par l'introduction des meilleures, ou enfin par la régularité périodique des irrigations.

En résumé, en augmentant l'étendue des herbages, on augmente le revenu en produits animaux, sans diminuer le revenu en céréales; on simplifie, en la rendant moins dispendieuse, l'exploitation agricole et on retire un beau revenu de ce système mixte de culture *intensive et extensive*.

Cette méthode vaut la peine qu'on y réfléchisse, et surtout qu'on la pratique.

Notre mélange de semences d'herbes, pour un hectare de prairie flottante, est indiqué au tableau qui suit :

HERBES.	PRODUIT.	ÉPOQUE de maturité	POIDS de la semence	PRIX moyen.
Dactyle pelotonné (1).	Abondant.	1re saison	1 kilog.	1 fr. 50
Fétuque des prés (2).	Moyen.	2e sais.	3 id.	6 » »
Fléole (3)	Abondant.	2e sais.	5 id.	12 » »
Luzerne (4). . . .	id.	1re sais.	4 id.	8 » »
Pâturin commun (5).	Moyen.	1re sais.	9 id.	27 » »
Ray-grass vivace (6).	id.	1re sais.	6 id.	5 » »
Trèfle rouge (7) . .	Abondant.	1re sais.	6 id.	12 » »
Vulpin des prés (8).	très-abond.	1re sais.	6 id.	12 » »
Pour un hectare. . .			40 kilog.	83 fr. 50

(1) Épie 2 fois, herbe un peu dure si on la coupe trop mûre ; bon pâturage.

(2) Bonne, surtout pour les chevaux, et produisant beaucoup de regain ; elle remplace avantageusement le raygrass.

(3) Herbe tardive, mais abondante à cause de ses feuilles nombreuses ; épie 2 fois ; très-recherchée et produisant beaucoup de regain.

(4) Utile dans les premières années pour augmenter le produit.

(5) Foin succulent et délicat ; très-bon pâturage.
(6) Précoce, épie 2 fois, succulent, coupé de bonne heure, mais épuisant le terrain.
(7) Bon, ainsi mélangé, et utile aussi dans les premières années.
(8) Très-précoce, épie 2 fois, et peut donner 3 coupes dans un terrain humide ou souvent arrosé ; bonne odeur.

Nous ne faisons entrer dans ce mélange aucune herbe de troisième saison, afin de pouvoir faire deux coupes chaque année, en juin et septembre, et de faire paître ensuite les bestiaux du 15 septembre au 15 novembre.

Les espèces d'herbes à préférer pour les terrains destinés aux pâturages sont le dactyle pelotonné, qui convient à tous les bestiaux, la fétuque hétérophylle, la fléole, le pâturin commun ou comprimé qui produit toute l'année, le ray-grass vivace et le vulpin des prés qui, en outre, gazonnent et tallent mieux que les autres herbes. Les chevaux ne touchent pas au fromental, à la cretelle ni à la houlque laineuse, peu recherchés aussi par la race bovine, à cause de leur saveur amère ; c'est donc à tort que quelques agronomes conseillent de semer ces espèces qu'ils n'ont pas éprouvées. Le fromental est une herbe très-précoce, très-haute, et donnant de bonne heure un regain abondant ; on le sème quelquefois en mélange avec d'autres espèces, dans les prés où l'on fait des ventes annuelles, parce que les tiges élevées garnissent bien les prairies, auxquelles elles donnent une belle apparence. La houlque laineuse donne, par ses fleurs, une poussière nuisible au foin sec.

Pollaut conseille de ne pas faire paître les nouveaux prés, pour éviter sans doute l'arrachement de l'herbe et que les bestiaux, par leur piétinement, ne déforment et rendent inégal le terrain encore meuble. *Gobin* recommande d'y faire passer les moutons seuls la deuxième année pour faire taller les graminées et épaissir l'herbe, qui, plus elle est broutée près du collet, plus elle donne de tiges. On doit, dit-il, considérer cette pratique comme le meilleur moyen de former de bonnes prairies.

Les renoncules âcres, dites bassins ou bassinets, que l'on classe avec raison parmi les mauvaises plantes de prairies, devront être enlevées soigneusement, ainsi que les autres mauvaises herbes. On empêche la reproduction des mauvaises herbes annuelles en fauchant la prairie avant leur maturité.

II. — Des Irrigations.

L'art dans la disposition préalable du sol pour les irrigations et dans le tracé des rigoles, consiste à faire arriver les eaux d'une manière uniforme sur la superficie qu'elles doivent arroser, aux moindres frais possible. On concevra facilement que pour remplir ce double but il y a plusieurs dispositions équivalentes suivant la forme et les pentes naturelles du terrain. Il serait tout à fait inutile d'indiquer, comme pouvant servir de règle, un seul système uniforme de rigoles, puisque cela peut varier à l'infini et attendu qu'il serait difficile de trouver deux prairies disposées exactement de la même manière. C'est au tact de l'irrigateur à déterminer ce qu'il convient de faire dans chaque circonstance de détail. Un point fondamental consiste à exiger un pente quelconque pour faciliter l'irrigation superficielle. Les avantages qui peuvent ensuite en résulter dépendent du savoir-faire et de la persévérance de l'irrigateur.

L'application d'un système d'irrigation, quelque simple qu'elle puisse paraître, présentera toujours des difficultés réelles, à celui qui voudra le réaliser. Ce n'est pas une chose facile que de disposer une surface irrégulière de manière à lui donner la pente voulue pour y distribuer les eaux sur tous les points. L'irrigateur doit avoir pour cela une connaissance parfaite des nivellements ; peu de personnes se font une idée exacte des dépenses qu'exige un terrain pour être convenablement approprié à l'irrigation.

Les bons effets de l'irrigation des prairies naturelles sont assez généralement connus, et les travaux pour retenir l'eau l'élever et la conduire jusqu'au terrain à arroser sont familiers à la plupart des ingénieurs civils.

Les prés arrosables ont toujours une grande valeur quand, après l'irrigation, on peut se débarrasser facilement de l'eau. La récolte des fourrages cultivés sur un champ manque parfois, tandis qu'une prairie bien soignée donne tous les ans un produit assuré, sans trop de dépenses.

Les eaux d'irrigations sont une source d'engrais immédiats, qui donnent par chaque vingt mille mètres cubes d'eau employée, l'équivalent d'un bœuf de boucherie, dit *Hervé-Mangon*.

La prise d'eau par un propriétaire riverain est légitimée par la possession annale, sauf l'action de l'autorité administrative dans un intérêt public. (Jurisprudence de la Cour de cassation.) — Le lit des rivières non navigables ni flottables fait partie du domaine public et n'appartient plus exclusivement aux riverains d'après la nouvelle jurisprudence de la même Cour.

Une ordonnance royale du 16 octobre 1827 porte que l'autorité administrative est incompétente pour prononcer sur les contestations et sur les droits respectifs des riverains, à *l'usage* des eaux non navigables ni flottables, et qu'un préfet excéderait son pouvoir, s'il autorisait, en ce cas, une prise d'eau pour irrigation dans un ruisseau de cette nature.

Les eaux des rivières non navigables ni flottables étant du domaine public, ne sont pas susceptibles de propriété privée. Leur usage pour l'irrigation, d'après l'article 644 du code Napoléon, est inhérent au droit de propriété, lorsqu'on ne blesse pas des droits acquis par titre ou prescription. Leur emploi, pour faire mouvoir une usine, résulte d'une *autorisation administrative*. Le propriétaire d'une prairie, en l'arrosant, *use d'un droit*, le propriétaire d'une usine, en se servant de l'eau comme moteur, *jouit d'une permission* dit le *Moniteur de la propriété*, tome IV, page 338.

La maçonnerie des barrages doit se faire avec un mortier hydraulique, ciment romain, et, à défaut, avec :

1° Chaux éteinte depuis quelques semaines. . . .	2|6ᵉ
2° Cendres de charbon de terre tamisées. . . .	2|6ᵉ
3° Ciment romain.	1|6ᵉ
4° Sable.	1|6ᵉ

Le bois de ces barrages doit être en chêne et saupoudré de sable fin à la dernière couche de peinture, pour augmenter les moyens de conservation.

On reconnaît les bonnes eaux pour irriguer : 1° par la présence du cresson, d'écrevisses, de truites ou d'une couche visqueuse et noirâtre sur les cailloux du fond, 2° par l'herbe vive sur les bords du ruisseau, 3° lorsque l'eau, ne circulant pas rapidement, une espèce d'algue verte se meut à la surface, 4° par l'absence des joncs et des roseaux, 5° si l'eau dissout bien le savon et cuit facilement les légumes.

Les eaux sortant des terrains calcaires sont ordinairement les meilleures, quand elles sont employées près de leur source et lorsqu'elles ne contiennent pas un excès de carbonate de chaux. En général, plus l'eau est battue et aérée, meilleure elle est, surtout si elle a déjà arrosé des prairies. Aussi, il faut, lorsqu'elle n'est pas battue au moyen de moulins ou cascades naturelles, chercher à faire des cascades artificielles ou des rigoles à étages pour rendre l'eau plus fécondante.

Celles contenant du salpêtre, conviennent plus particulièrement aux irrigations : les nitrates dissous dans les eaux de source ou de rivière agissent comme engrais azoté, et c'est sans aucun doute, à la proportion du salpêtre qui s'y trouve que les eaux données aux prairies doivent de produire des effets plus ou moins marqués sur la végétation qu'elles arrosent.

Les eaux dont le goût est aigre (souvent celles sortant

des bois) font pousser les joncs. Elles peuvent être rendues propres à l'irrigation en ouvrant un réservoir à l'entrée des prairies et en y jetant des cendres de bois ou de la chaux. L'eau, en ce cas, est agitée artificiellement au passage du bassin.

Le volume d'eau nécessaire pour irriguer les prairies ne peut être déterminé d'une manière fixe d'après des bases invariables. Les principales considérations auxquelles la quantité d'eau est subordonnée, sont la pente des surfaces, l'écoulement plus ou moins prompt, et le degré de porosité du terrain, toutes choses essentiellement variables d'un lieu à un autre. Cependant, on estime que huit cents mètres cubes d'eau, faisant (à mille litres par mètre cube), huit cent mille litres, suffisent pour un hectare par chaque arrosage de 24 heures, donnant ainsi une couche de huit centimètres d'épaisseur, compris les pertes par les trous de taupe qu'il est important de boucher soigneusement. On se contente souvent d'une moins grande quantité d'eau, mais quand on ne peut en obtenir davantage.

Pour calculer le débit d'un ruisseau, on lui fait verser son courant dans une fosse contenant un ou plusieurs mètres cubes. S'il est trop abondant, on prend une planche percée, sur une même ligne horizontale, de différents trous de même diamètre et on la place au barrage de manière que l'eau ne passe que par ces trous qui devront être en suffisante quantité. L'eau qui s'écoule par un de ces trous sera reçue en un vase pendant une seconde ou une minute. Il suffira de multiplier la quantité par le nombre des trous pour savoir celle que débite le cours d'eau. Les fontainiers mesurent la quantité d'eau par pouce de diamètre cylindrique donnant 20 mètres cubes par 46 heures, soit 20 mètres 1|2 par 24 heures.

Vingt arrosages sont nécessaires chaque année, dont deux ou trois pendant l'automne et autant pendant l'hiver, quand les eaux charrient avec elles des engrais provenant des fumiers répandus sur les terres, en ayant soin de retirer l'eau avant midi, afin que les rayons solaires puissent ressuyer la prairie avant la soirée, dans la prévision d'une gelée. Si on est surpris par la gelée, il ne faut retirer l'eau qu'au dégel. Les autres irrigations se font au printemps, sans toutefois soustraire trop les racines du gazon aux influences atmosphériques, sans étioler l'herbe ni en amoindrir ainsi la qualité et en retarder la végétation. Les circonstances indispensables à la végétation sont au nombre de trois : *humidité*, *chaleur* et *lumière*. Si on empêche l'une des trois d'agir, la végétation souffrira. Ces vingt arrosages, à 800 mèt. cubes chacun, font 16,000 mèt. cubes par an. On arrose, quand on en a le choix, la nuit et non le jour; la chaleur du soleil échauffe la terre et l'eau empêche que le sol ne soit tout à coup refroidi. Dans les grandes chaleurs la méthode contraire doit être employée, afin d'amener plus de fraîcheur sur les racines, de l'y maintenir plus longtemps et d'éviter que l'herbe jaunisse. En un mot, il convient, quand l'eau a une température fort inférieure à l'atmosphère, de ne la répandre sur les prairies que le soir, et le jour quand le temps est couvert ou par une pluie douce. En hiver, l'eau enrichit le sol des particules limoneuses qu'elle tient en suspension, et abaisse sa température au-dessous de celle de l'atmosphère; au printemps, elle donne aux plantes l'humidité qui leur est nécessaire, et facilite la décomposition des principes organiques et inorganiques, puis par suite leur assimilation. Au commencement du printemps, il est bon de passer le rouleau sur le gazon pour le rasseoir, et de donner ensuite un léger coup de herse pour donner de l'air aux racines et ouvrir des passages à l'eau d'irrigation, puis quand la végétation se ranime on donne l'eau pendant 3 ou 4 jours. L'intervalle entre chaque arrosage, très-court d'abord, doit s'éloigner graduellement et en proportion de la croissance de l'herbe. Ainsi les irrigations doivent être plus fréquentes au commencement de la croissance de l'herbe qu'à la fin.

A défaut de barrage ou écluse possible, on se sert avec avantage de la roue à godets pour élever l'eau de plusieurs mètres, et, en ce cas, 100 mètres cubes d'eau ne coûtent que 25 centimes, soit 2 fr. par hectare et par chaque arrosage. Nous avons vu une de ces roues, fabriquée économiquement par un pauvre cultivateur avec une vieille roue de charrette, huit fortes perches attachées aux rais, huit aubes et huit seaux aux extrémités, qui plongent dans un petit cours d'eau rétréci par une auge en planches, fonctionnant suffisamment pour arroser un hectare de prairie.

Il est parfois nécessaire de réunir dans un bassin ou réservoir formé dans un endroit plus élevé que la prairie et en amont, des filets d'eau qui, isolément, ne sont pas assez abondants pour être utilisés. Si le sol de réservoir est perméable, on le garnit d'un mélange de trois parties de sable sur deux d'argile et une de chaux. La terre provenant du creusement du réservoir sert souvent à en élever les bords au-dessus du sol environnant, ce qui facilite l'emploi des eaux pour irriguer. On se sert aussi quelquefois de barrage en maçonnerie continue dans les vallons étroits, formant réservoir pour les eaux pluviales ou celles qui, pendant l'hiver, viennent des points plus élevés que la prairie, quand l'intérêt de la dépense de ces réservoirs et leur entretien sont inférieurs au profit qu'ils procurent. Au bas de cette maçonnerie se trouve un trou qu'on bonde avec un tampon retenu par une barre transversale du côté de la prairie.

L'action d'arroser les prairies ne consiste pas à les mettre sous l'eau en les inondant, mais bien à faire couler l'eau uniformément, sans perte par des trous de taupe ou autrement, sur une surface rendue unie par le rouloir, et de manière à ce qu'elle ne séjourne nulle part et s'écoule promptement, pour ne pas être nuisible, soit au sol qu'elle délaye et appauvrit, soit aux plantes dont elle modifie la constitution et la nature. Plus l'eau court vite, mieux elle agit en s'aérant.

Les arrosages fréquemment répétés, pendant la nuit surtout, ainsi que nous l'avons déjà dit, sont plus favorables que ceux continus, par le motif d'abord que si l'eau pénètre plus bas que les racines des végétaux elle entraîne dans le sous-sol les matières et engrais qu'elle tient en dissolution, que nos prairies s'épuisent mal à propos en perdant les éléments précieux dont le sol est imprégné, et ensuite parce que l'action des rayons solaires peut exercer son influence sur les tiges et les racines, quand ces rayons ne sont pas trop brûlants.

La maîtresse rigole, qui prend l'eau au barrage ou écluse,

doit être très-profonde afin que la vase puisse s'y amasser et ne déforme pas le nivellement des prairies par son dépôt près des rigoles secondaires. Elle doit être percée, comme nous l'avons dit ci-dessus, sur la partie la plus élevée de la prairie, et avoir, à un ou deux mètres de distance, de petites rigoles communiquant avec la principale, pour flotter uniformément au-dessus de leur rive la plus basse. Quand l'eau n'est pas trop abondante, il faut faire prendre les taupes, boucher soigneusement, dans les rigoles, leurs trous qui pourraient encore exister et qu'on aperçoit en suivant l'eau qui arrive dans les rigoles.

Si la maîtresse rigole a une forte pente, il faut, à côté, de petites rigoles d'irrigation la quittant horizontalement et d'équerre ou à peu près, pour s'en rapprocher ensuite en forme de coude, et amoindrir ainsi la pente; car pour que l'eau de ces rigoles se déverse uniformément, leur pente doit être très-douce.

Un ouvrier intelligent donnera facilement la pente nécessaire en mettant l'eau dans la principale rigole, ce qui donnera un niveau qui ne permet pas la moindre erreur.

La division du terrain à arroser, en un nombre plus ou moins grand de compartiments, par des rigoles différentes, est une opération importante. Elle dépend de l'abondance des eaux à répandre, de la nature du terrain, des inclinaisons plus ou moins grandes et de la direction suivant laquelle arrive l'eau. Le tracé des rigoles est, en outre, subordonné aux pentes qui ont été données ou conservées, à la superficie du sol et à la vitesse de l'eau qu'elles doivent recevoir. Dès que l'eau s'éloigne de la maîtresse rigole, il faut éviter les pertes d'eau par les trous de taupe ou autres, et faire dans l'intérieur de la prairie des rigoles horizontales et transversales à la pente, comme nous l'indiquons ci-après, pour continuer à faire déverser l'eau uniformément.

Quelles que soient les modifications qui résultent, pour le tracé des rigoles, de l'obligation où l'on est de les subordonner aux formes naturelles du terrain, et quoique l'arrosage s'opère quelquefois directement par de simples saignées pratiquées par la maîtresse-rigole, établies suivant les pentes convenables, et figurant parfois, en suivant la plus grande pente, des tiges d'arbres avec des branches horizontales qui se croisent sans se toucher et par lesquelles se fait le ruissellement, il est cependant d'usage que l'on se rapproche toujours, autant que l'on peut, des règles fixes qui exigent des pentes à peu près nulles et dont l'eau, en couches aussi minces que l'on veut, franchit comme à un déversoir, les bords situés du côté le plus bas.

En résumé, toutes dispositions conviennent aux rigoles pourvu que l'eau arrive à volonté à la partie supérieure d'un terrain dressé en pente douce, de manière qu'elle s'y répande uniformément, qu'elle soit sans cesse en mouvement et qu'elle ait un écoulement aussi prompt et aussi complet que possible.

Quand on a peu d'eau, on peut faire flotter alternativement les parties d'une pente uniforme, comme au tableau ci-après, ou former un réservoir semblable à celui dont nous avons parlé plus haut et dans lequel on jette parfois quelques charretées de cendres et de la chaux pour améliorer l'eau et la rendre plus fécondante.

```
                    1
─────────────────────────────────────────
                                Maîtresse rigole.
┌──────────────┐  ┌───────────────────────┐
│              │ 2│                       │
│      A       │  │          A            │
│              │  │                       │
└──────────────┘  └───────────────────────┘

┌──────────────┐  ┌───────────────────────┐
│              │ 3│                       │
│      B       │  │          B            │
│              │  │                       │
└──────────────┘  └───────────────────────┘

┌──────────────────────┐      ┌──────────┐
│                      │    4 │          │
│        C             │      │    C     │
│                      │      │          │
└──────────────────────┘      └──────────┘

─────────────────────────────────────────
                    D
─────────────────────────────────────────
                    5
─────────────────────────────────────────
```

(1) Maîtresse-rigole.

(2) Rigole secondaire à boucher pour arroser les parties A A.

(3) Rigole secondaire à boucher (après avoir ouvert celle n° 2), pour arroser les parties B B.

(4) Rigole secondaire à boucher (après avoir ouvert celles n°s 2 et 3), pour arroser les parties C C.

Ouvrez les rigoles secondaires n°s 2, 3, 4, pour arroser la partie D.

(5) Fossé d'écoulement.

Les rigoles qui reçoivent l'eau des parties arrosées devront être horizontales à la pente, sans être assujetties à la régularité indiquée au tableau qui précède, et seront souvent, du côté de la pente de la maîtresse rigole, plus rapprochées de celle-ci que du côté en amont pour conserver leur parallèle à l'horizon. Ces rigoles de niveau doivent être, comme l'indique leur nom, à niveau parfait. Elles ne sont presque jamais en lignes droites, et elles contournent le terrain comme les lignes de niveau dans les plans levés par tranches horizontales, pour répartir l'eau régulièrement sur la prairie. Plus le terrain est perméable ou irrégulier, plus elles doivent être rapprochés. On aura soin d'en relever un peu les bords dans les dépressions ; en un mot, on disposera les rigoles de manière que l'eau s'étende uniformément sur toute la surface, parvienne partout et ne coule nulle part en filets séparés.

La largeur des maîtresses rigoles doit être proportionnée à l'eau qu'elles doivent contenir et aller en diminuant ; les fossés d'écoulement vont au contraire en s'élargissant, comme nous l'avons dit pour la formation des prairies en ados.

L'irrigation par reprise d'eau, d'après le tableau ci-dessus, en bouchant et supprimant les rigoles secondaires alternativement, convient dans les prairies qui ont une longue pente. Au-dessous de la maîtresse rigole et parallèlement on pratique avec un niveau d'eau des rigoles d'irrigation, la première à un ou deux mètres de distance, puis de dix mètres en dix mètres environ. Le bord inférieur de ces rigoles, de même de celui que la principale, doit être bien uni pour que l'eau se déverse uniformément par dessus. L'eau arrose l'intervalle entre la première et la deuxième rigole, se rassemble dans celle-ci, d'où elle se déverse de nouveau sur la partie inférieure de la prairie, jusqu'à ce que, de rigole en rigole, elle atteigne le fossé d'écoulement qui, quelquefois, sert de maîtresse rigole pour une autre prairie plus basse.

Si l'eau est en quantité suffisante pour arroser toute la surface de la prairie, on n'ouvre pas les rigoles secondaires ou d'écoulement n°s 2, 3 et 4 du tableau qui précède.

Quand le sol est bien nivelé et surtout tassé par un rouleau, il serait avantageux de se servir, pour la construction des rigoles, d'une charrue ayant deux coutres latéraux, pour couper le gazon de deux côtés, et un fer plat par dessous, en forme de bêche, avec relief, pour jeter d'un seul côté le gazon coupé.

Les terrains ayant une humidité stagnante et spongieux, seront soigneusement égouttés par des saignées ou drainages pour éviter la croissance des joncs et des roseaux. Si la prairie est drainée, les rigoles doivent être garnies de planches à l'endroit des drains pour éviter l'infiltration et la perte de l'eau.

Lorsque l'eau, en sortant des prés, forme une mousse c'est un indice certain qu'elle arrose une trop grande étendue. On reconnaît encore que l'eau a produit tout son effet utile dès qu'elle se couvre de bulles d'air, car c'est un signe que les parties organiques du sol ou même les racines des plantes fermentent et se putréfient. Il faut alors cesser l'irrigation momentanément et toujours veiller aux signes de putréfaction signalés ci-dessus.

Il ne faut pas arroser avec les eaux provenant de la fonte des neiges, à la température de la glace fondante, ni changer l'eau par un soleil ardent ou quand le vent souffle du nord. Les eaux de neige dissolvent les parties nutritives et exercent sur les racines une action corrosive.

En temps de gelée, on doit suspendre les irrigations, mais si l'eau arrose les prairies on ne la retire pas, car le gazon étant imbibé d'eau, la gelée pénétrerait profondément et ferait tort aux racines.

Les irrigations d'automne sont surtout nécessaires quand l'eau manque au printemps, à cause des barrages supérieurs ou pour autre cause. Dans tous les cas, il faut éviter que les plantes soient longtemps submergées et ne puissent ainsi emprunter à l'air les éléments qu'il leur donne ; car, si les eaux sont stationnaires, elles ne tardent pas à se corrompre et à communiquer aux plantes qu'elles recouvrent leur état délétère.

Tant que les herbes sont courtes, on peut se servir des eaux troubles par suite de pluies, surtout dans les terrains marécageux, sablonneux et tourbeux. Les sols argileux ont moins besoin de ces eaux limoneuses qui tendent par la suite à faire disparaître les pentes artificielles, et à niveler les terrains. Si les herbes sont hautes on évitera de répandre ces eaux qui rendraient le foin malsain ; au cas d'invasion, on laverait l'herbe au moyen d'un fort arrosage d'eau limpide.

Pendant la saison des irrigations, on doit visiter les prés tous les jours, particulièrement le matin et vers le soir, pour remédier à tous les accidents ou pertes d'eau, enlever tous les objets qui forment obstacle et, en un mot, diriger l'irrigation avec le plus grand soin. Lorsqu'on craint le froid ou une petite gelée pendant la nuit, on retire l'eau vers midi pour que le sol puisse se ressuyer avant le soir.

Outre les méthodes d'irrigation que nous avons décrites, il y en a deux autres qui, dans certaines circonstances, sont utiles : on les nomme *irrigation par infiltration et irrigation par submersion*. La première méthode qui consiste à creuser des fossés de distance en distance, et où l'on fait entrer l'eau momentanément, s'applique avec avantage aux terrains trop élevés pour recevoir des arrosages. Ce moyen donne le même résultat que celui de l'eau mise dans un vase où baigne le pied d'un pot à fleurs. Les rigoles horizontales à la pente, dans les irrigations par infiltration, sont distantes l'une de l'autre de 5 à 6 mètres. La deuxième méthode consiste à submerger toute la prairie pendant quelques jours consécutifs en hiver, et pendant 24 heures seulement au printemps, à différents intervalles.

A défaut de cours d'eau ou de réservoir, on irrigue, quand on le peut, pendant l'hiver, avec des eaux pluviales, en se garantissant toutefois des crues qui seraient nuisibles.

En l'absence de ces eaux, pour arroser les prairies ou pâturages, il est indispensable d'y suppléer par des engrais liquides ou pailleux, cendres, composts, amendement et éléments minéraux nécessaires à la croissance de l'herbe, qui donnent en ce cas un produit net plus rémunérateur que celui des terres ensemencées de céréales ou de plantes industrielles pour lesquelles il faut des frais de culture dont se passent les prairies et pâturages. Essayez en petit, et vous continuerez sur toute la surface de vos herbages que vous ne tarderez pas à étendre.

Engrais, amendements et entretien des prairies et pâturages.

Vous prenez toujours dans votre prairie comme dans une armoire, mais sans jamais y rien mettre, dit *Gobin*. Est-il surprenant qu'elle se vide ? Vous ne l'entretenez pas en détruisant les mauvaises herbes qui pullulent plus vite que les bonnes, et vous ne l'amendez pas. Fumez-la, dit *de Gasparin*, et quand vous l'aurez enrichie, c'est elle qui vous enrichira. Il ne faut pas perdre de vue qu'une prairie n'arrive à un bon état d'entretien et de production qu'après plusieurs années et qu'elle ne rend qu'autant qu'on lui donne. Comme elle est la base de toute exploitation agricole, il ne faut rien négliger pour son établissement, son entretien et son amélioration. De là dépendent les succès auxquels tout cultivateur aspire.

On s'imagine à tort pour ce qui concerne la fumure des

prairies, que c'est de l'engrais employé d'une façon moins utile que dans les terres labourables; il est incontestable que tout serait pour le mieux si l'on pouvait fumer suffisamment les champs et les prés. En cas d'insuffisance, les cultivateurs habiles donnent la préférence à leurs prairies, parce que la prairie est le principe générateur de la richesse en engrais.

Si la terre labourable souffre un peu de cette préférence donnée à la prairie, celle-ci ne tardera pas à l'indemniser par une copieuse récolte de fourrages qui fourniront aux bestiaux une nourriture abondante et grossiront par suite la masse des fumiers destinés aux champs.

Quand on n'a pas à craindre les inondations pendant l'hiver, il faut fumer les prairies en couverture au mois de novembre de la première et de la seconde année, particulièrement, ou quand la terre gelée peut supporter les chevaux et voitures, avec les fumiers d'étables et les composts indiqués ci-après, ensuite le plus souvent qu'on peut, surtout si les irrigations sont nulles ou peu abondantes. Les fumures à la fin de l'automne sont les meilleures, car bien que la vie paraisse suspendue pendant l'hiver dans les organes aériens elle ne continue pas moins de se manifester plus bas par la multiplication des organes souterrains et nourriciers. Il n'y a pas là alors croissance dans le sens propre du mot, mais plutôt préparation à la croissance, de telle sorte que celle-ci ne tarde pas à avoir lieu avec toute l'énergie qui caractérise une haute production dès que les circonstances climatériques viennent la solliciter.

Les fumiers mélangés nous semblent être de tous les engrais le meilleur pour les prairies, car l'essentiel est d'augmenter la couche du terreau azoté dans laquelle végètent les racines traçantes des herbes ; épars vers le commencement de l'hiver, après un fort hersage à dents de fer, sur les prairies qui ne sont pas exposées aux inondations, ils abritent les plantes contre le froid, outre l'engrais qu'ils leur procurent, et aident ainsi beaucoup à la croissance de l'herbe. On les râtelle au commencement du printemps avec une herse ou un râteau pour les faire ensuite servir de nouveau aux litières ou aux composts ; puis on fait passer de nouveau une forte herse à dents de fer, surtout si on ne l'a fait avant l'hiver, et un fort rouleau pour niveler la prairie, faciliter l'irrigation, s'il y a lieu, et plus tard la coupe de l'herbe, comme nous l'avons déjà dit. Les tassements par le rouleau ont aussi pour effet d'aider la germination des semences répandues au printemps lors du fanage, de chasser devant le rouleau l'eau qui dort et de consolider le sol quand l'herbe s'apprête à pousser.

Le rouleau ne fait que plomber la surface extrême du sol à 2 ou 3 centimètres de profondeur, au plus. La terre qui enveloppe les jeunes racines reste ainsi plus divisée et même plus ameublie qu'auparavant. Il est à remarquer que dans les pâturages les bestiaux choisissent d'abord les places qui ont été battues, telles que sentiers d'hiver.

On emploiera de préférence le fumier de cheval si l'herbage n'est pas destiné à être fauché et fané, mais bien aux bêtes à cornes, et réciproquement, le fumier de vache si on doit y faire paître des chevaux, car on remarque que ces deux espèces d'animaux ne paissent jamais dans les endroits où leurs déjections sont tombées depuis quelque temps.

Les fumiers ne doivent pas être trop décomposés, sans pourtant être frais ; ils doivent être un peu longs. Sauf le cas prévu au paragraphe précédent, on préfère les fumiers de cheval et de mouton pour les prairies basses, argileuses ou froides et les fumiers de bœuf ou de vache pour les prés hauts et les terres calcaires ou siliceuses.

Dans les herbages à sol incliné on mettra plus d'engrais à la partie supérieure parce que les pluies ne manqueront pas d'en entraîner plus bas.

Pollant enseigne de mouiller les fumiers en tas avec une dissolution de sulfate de chaux (plâtre), pour éviter que les gaz et principalement l'ammoniaque se dégagent dans l'atmosphère.

Dans le nord de la France, on met un soin extrême à tirer parti de tous les engrais. On recueille dans des citernes la grande quantité d'urines qui se produit dans les étables ; on y jette ensuite des poussières de charbon, de tourbe et de plâtre pour empêcher le dégagement de l'ammoniaque, et, quand ces urines ont subi une fermentation ammoniacale, elles deviennent un engrais puissant, étant répandues sur l'herbe en février ou mars ou après chaque coupe et dans les composts à toutes les époques de l'année. Les engrais liquides, outre leur action très-fertilisante, font remonter à la surface de la terre et périr tous les vers ou lombrics qui vivent en parasites sous le gazon. Ils agissent de suite, donnent de l'herbe à foison et augmentent le nombre des coupes.

Les engrais liquides provenant des vidanges sont préférables à tous autres quand ils sont précédés de hersages énergiques et suivis du rouleau. Il ne faut s'en servir qu'au moment où la végétation se produit et 5 à 6 jours après l'enlèvement du foin pour faire développer les regains. On ne peut que perdre, dit *Joigneaux*, à livrer de tels engrais aux prairies pendant l'hiver, alors que l'herbe ne manifeste aucun besoin et que les pluies et les neiges les entraînent sur les pentes ou au-dessous du niveau des racines.

On peut fabriquer des engrais liquides avec : 1° 50 parties d'eau sur 1 de guano ou de colombine ; 2° 40 parties d'eau sur 1 de matières fécales ; 3° 4 parties d'eau sur 1 d'urine ayant fermenté, de purin ou de déjections de mouton. Les engrais liquides sont encore très-utiles pour la destruction des mousses.

On laisse souvent sécher sur les pâturages les déjections des bestiaux et sur les chemins celles des troupeaux de moutons ; ces matières, en séchant, perdent, dit *Boussingault*, 96 p. 0/0 de leur valeur fertilisante par l'évaporation des gaz et des substances qu'elles contiennent. Il faut les faire recueillir par des enfants ou des vieillards, les faire dissoudre dans l'eau et en former un engrais liquide.

Le guano, mélangé avec des engrais liquides, notamment ceux provenant des vidanges, et les cendres sont aux irrigations un puissant auxiliaire et peuvent même les remplacer quand ils sont répandus après chaque coupe d'herbe, ainsi que l'enseigne *Goëtz*, pour ne pas laisser la terre s'épuiser ou dans un état improductif.

On choisit, pour répandre les engrais liquides, un temps couvert ou pluvieux ; car, comme tous les engrais chauds, ils risquent de dessécher les plantes, lorsque le soleil vient les frapper de ses rayons brûlants, outre l'absorption qu'il fait de ces engrais. Par un temps pluvieux, la déperdition des gaz est moins grande et la pluie qui tombe fait pénétrer l'engrais plus avant dans le sol, et diminue l'action toujours énergique de ces engrais sur les jeunes feuilles des herbes qui composent le gazon. Ces arrosements, plusieurs fois répétés en automne et au printemps, donnent des résultats merveilleux ; on emploie pour cet usage des tonneaux à purin. En Flandre on ne les répand que dans le décours de la lune.

M. *Dauverné*, de la Rochelette, près de Fougères, utilise avec un grand succès pour l'arrosement des herbages, ses purins, eaux de cour, ménagères, etc., sans en perdre quoique ce soit. Son système d'une application facile et sans grands frais quand les herbages sont près de la ferme et en pente consiste en des conduits en planches posés, l'un sous l'autre, sur des fourches spéciales au moyen desquelles on donne une pente nécessaire. Quand la bonde du réservoir est ouverte et se déverse dans ces conduits en forme de gouttières, un ouvrier se trouve à la partie inférieure de ces conduits avec deux seaux qu'il emplit successivement et jette autour de lui. Ensuite il enlève le dernier conduit et recommence en se rapprochant peu à peu du réservoir.

Les tourteaux ou marcs de graines oléagineuses, réduits en poudre et épars au printemps sur les prairies et pâturages par un temps humide, ont une action durable et efficace ; leur effet est plus puissant s'ils sont mélangés avec des eaux ménagères, de lessive ou des urines allongées d'eau.

A défaut de fumiers n'hésitez pas à faire des composts de terre et de chaux, car la chaux est très-favorable à la croissance de l'herbe et des arbres fruitiers.

Les composts pour amender les prairies et pâturages se font à toutes les époques de l'année, à l'ombre et avec des lits successifs de paille, herbes sèches, feuilles, roseaux, marne fine, plâtras, fumier, terres de fossés et de mares, gazons, boues, tourbe, tannée, cendres de bois surtout, marcs de pommes et de graines oléagineuses, et avec divers éléments minéraux, sarclages, et toute espèces de débris végétaux et animaux, fréquemment arrosés d'eaux de cour, de cuisine, lessive, purin, etc., au moyen de trous perpendiculaires. Il n'est pas indispensable que toutes les matières indiquées ci-dessus entrent dans ces composts, mais il est important d'utiliser tous les débris quelconques susceptibles de décomposition. Quand la fermentation est trop forte on l'arrête par de nouveaux arrosages. Pour faciliter la décomposition des composts on les remue après le deuxième et le troisième mois, puis on les recouvre de terre. Si on y met de la chaux vive, sans qu'elle soit en contact immédiat avec le fumier, ou si on arrose avec de l'eau de chaux, leur action est puissante sur les herbages.

Pour conserver les principes ammonicaux du fumier, il est essentiel de n'introduire la chaux que lorsque la décomposition est achevée, en la remuant, et pendant le temps nécessaire pour que les blocs de chaux puissent facilement se réduire en poudre; quinze jours suffisent en ce cas avant l'épandage de ces composts. Il serait peut-être préférable de remplacer la chaux, qui a pour effet de chasser l'ammoniaque des engrais animaux, par de la marne bien fine ou par tout autre calcaire en poudre, ou mieux de faire deux tombes composées : l'une, de terre, végétaux, débris, fumier, etc., l'autre, de 4/5 de terre et 1/5 de chaux. Cette dernière ne serait répandue qu'après la première et, en agissant ainsi, on serait certain de ne perdre aucun des principes fertilisants du fumier.

Les plus fortes proportions qu'on trouve dans l'analyse des herbes de prairie sont en silice, potasse, chaux et magnésie ; on doit en conséquence chercher à restituer au sol par les amendements et engrais, les éléments qu'il perd. Les composts formés de boues des rues, cendres de bois et de chaux doivent donc être un amendement convenable.

Le produit du curage des rigoles, mis en tas avec un 10e de chaux vive, en automne ou au printemps, et avec les feuilles d'arbres ramassées sur les herbages, surtout celles de peuplier et d'aulne dont le suc très-corrosif détruit l'herbe lorsque les feuilles se décomposent, doit servir à amender les places maigres et à remplir les dépressions de terrain pour rendre plus unie la surface de la prairie. C'est un amendement bon et peu coûteux, qu'on néglige trop et que nous recommandons spécialement.

On n'a pas assez remarqué peut-être que l'herbe des prés naturels est toujours claire et chétive sous les peupliers. Ce sont moins l'ombre et les racines que les feuilles tombées qui produisent cet état par leur acidité, car ces dernières, en se dissolvant, imprègnent la terre de sucs acides qui souvent brûlent les herbes jusqu'aux racines et les empêchent de pousser vigoureusement. On se méprend sur la cause de ce phénomène en l'attribuant à l'ombre ou aux racines, tandis que la principale cause n'est autre que celle que nous venons de signaler.

Les composts sont jetés à la pelle sur les herbages, puis sont en différentes fois éparpillés avec une herse retournée, sous laquelle on fixe des branches d'épines, vers le commencement de mars et mieux en automne, si l'on ne craint pas les inondations d'hiver. Ils détruisent les mousses, les mauvaises herbes et ils excitent particulièrement la végétation, surtout si cet amendement est précédé d'un hersage énergique avec une herse à dents de fer. Nous ne saurions trop recommander ces hersages et l'épandage immédiat des composts, que nous considérons comme indispensables sur les herbages, surtout à défaut d'irrigation. Les hersages profonds ouvrent le sol aux influences atmosphériques et préparent l'émission de nouvelles racines ; c'est avec leur aide que l'emploi des composts et des simples amendements ou engrais acquiert véritablement toute son efficacité ; c'est aussi le meilleur moyen de détruire les mousses. Le passage d'un fort rouleau, au printemps, facilite singulièrement la pousse de l'herbe et, comme nous l'avons dit, l'irrigation, la coupe ou le pâturage.

L'action des composts se manifeste activement dès la première année et dure 8 à 9 ans, si on emploie par hectare un mètre cube de bon fumier, dix de terre et deux de chaux.

Les épandages fréquents de composts et terres sur les herbages rechaussent en outre les racines mises à nu pendant l'hiver par l'abondance des neiges ou eaux pluviales et par le piétinement des bestiaux. Ils entretiennent les herbages et prolongent leur durée.

Tout gazon sur terrain privé de calcaire est amélioré par les composts où dominent la marne ou la chaux. Les prairies qui présentent une surface spongieuse se trouvent utilement raffermies par un apport de sable et d'argile ou par le piétinement des troupeaux.

Les amendements produisent d'excellents effets en rehaussant le collet des plantes; ils doivent être dispersés le plus tôt possible; il faut herser ensuite avec une herse retournée et faire passer le rouleau au printemps, par une journée sèche et quand l'herbe commence à pointer.

Les suies, balayures de forge, chaux, plâtras et les cendres de diverses espèces (moins celles des usines où se fabriquent le cuivre, le plomb et le zinc), sont un bon amendement, surtout quand ils ont été arrosés d'urines; mais il faut alterner leur emploi avec d'autres engrais ou amendements. Ils détruisent aussi les mousses ou mauvaises herbes. On les sème en février par une journée calme, à raison de 30 hectolitres par hectare. Les cendres de tourbe sont surtout propices aux prairies humides; celles noires et minérales des environs de *Saint-Quentin*, mêlées à raison d'un dixième avec les autres cendres, produisent un bon effet sur les terrains compactes, glaiseux ou couverts de mousse. La marne produit presque le même effet.

Nous recommandons de faire ramasser sur les routes, en été, par des enfants pauvres ou des vieillards les excréments des animaux, en y ajoutant divers décombres et végétaux. Ils peuvent ainsi établir des tas de composts d'une vente toujours sûre. Un pareil travail leur procurerait une occupation convenable, les détournerait des suites nuisibles de l'oisiveté, et il en résulterait une plus grande propreté sur les routes. De pareils travaux sont toujours payés avec usure.

Les charrois sur les prés et pâturages doivent toujours se faire par un temps sec ou par gelée, pour éviter de profondes ornières qui souvent enfoncent l'herbe et détournent le cours de l'eau d'arrosage, en servant de rigole de dérivation.

Les cendres de houille, semées à la fin de l'hiver, font périr les roseaux qu'on aura eu soin de faucher auparavant.

Les joncs, ronces et mauvaises herbes doivent être soigneusement extirpés.

Un irrigateur soigneux doit épandre les taupinières et toujours avoir dans ses poches provision de bonnes semences d'herbes pour en jeter dans la place des taupinières et les endroits peu garnis. C'est un bon moyen pour conserver les bonnes espèces, régénérer les prairies et éviter l'envahissement des mauvaises herbes, l'apparition de la mousse, l'épuisement du sol ou son humidité trop grande. Dans le premier cas, il faut fumer en couverture, arroser avec du purin ou répandre des engrais pulvérulents ; dans le second cas, il faut assainir par le drainage.

Quand on veut assainir un pré, fauchable ou non, qui n'est pas trop envahi par de mauvaises plantes, le meilleur moyen est de le faire herser en tous sens avec une forte herse à dents de fer, de le faire terrer avant les gelées avec des composts ou une couche de terre peu épaisse, mêlée de chaux, d'y semer de la bonne graine, en février ou mars, avec des cendres ou autres engrais et de faire passer ensuite une herse retournée, puis le rouleau, après quelques jours, par un temps sec. Après cette opération, une légère aspersion d'eaux de cour, mélangées d'urines, produit un excellent effet.

Si le pré ou pâturage est trop envahi par les mauvaises herbes, on fait, comme en Hollande, paître le regain par des vaches et lorsque celles-ci n'y trouvent plus leur nourriture on y met paître des chevaux qui mangent l'herbe dédaignée par les vaches, puis on y fait brouter ras par des moutons le peu d'herbe qui reste; ensuite on herse très-énergiquement et on y lâche des porcs à jeun qui n'ont d'autres ressources que de fouiller la terre et de manger les racines pivotantes des mauvaises herbes sans toutefois toucher aux graminées.

Ce moyen est également bon pour détruire les vers blancs, surtout si on y ajoute un arrosage avec du purin. Après cette dévastation, on fait passer une herse retournée, et on sème quelques bonnes graines qu'on tasse ensuite avec un rouleau. L'année suivante, on trouve le gazon amélioré, surtout si on a pu y répandre des composts et des engrais liquides. Quant aux mauvaises herbes annuelles, le meilleur moyen d'empêcher leur reproduction est de faucher la prairie avant la maturité de l'herbe.

Lorsque ces moyens ne réussissent pas, rompez le gazon par un labour profond pour donner de l'air et du soleil à la terre; plantez-y, la première année, des pommes de terre, par exemple : la deuxième, mettez-y des betteraves, avec beaucoup d'engrais, et la troisième, semez, après un bon nettoyage, de l'herbe avec de la luzerne, du sainfoin et du trèfle, si le terrain est destiné au pâturage, afin d'avoir un bon produit dès les premières années.

Le vert tendre ou foncé est la nuance des meilleurs gazons; le vert noirâtre est celle des mauvais.

Si les prairies sont destinées au pâturage et si l'on désire en tirer le plus grand profit, on ne doit y laisser pâturer les bestiaux qu'au piquet, ou les diviser en petits enclos pour éviter que l'herbe soit foulée inutilement, et que les bestiaux y nuisent plus par leur piétinement que par leur dépaissance, car il est reconnu que cinq enclos, d'un hectare chacun, nourrissent autant de bétail et le nourrissent mieux que six hectares d'un seul tenant.

Il faut clore les pâturages, au moins du côté de l'ouest et du nord, par des haies qui servent d'abris, et y planter en lignes quelques arbres ou pommiers contre lesquels les animaux iront se frotter et où ils pourront ruminer à l'ombre. Ces arbres fixent l'humidité de l'atmosphère et tempèrent les vents desséchants de l'été. Les clôtures de haies vives bien entretenues sont l'indice d'une bonne administration.

On a reconnu en Angleterre et en Normandie, qu'un pâturage d'où les bestiaux sortent la nuit ne tarde pas à se dénaturer, à moins qu'il ne soit couvert d'engrais exceptionnels

Quand on doit engraisser du bétail, avec le produit des pâturages, le fauchage et la stabulation permanente en augmenteront le rendement plus que par le pâturage.

Dans l'un et l'autre cas, il convient de ne pas négliger les divers engrais et amendements dont nous avons parlé pour l'amélioration des herbages et de diminuer l'étendue de la culture arable, en augmentant celle de la culture herbagère, qui permet de tenir plus de bestiaux et de faire ainsi plus d'engrais.

Pâturage au piquet et fauchage pour la stabulation.

On conseille le pâturage au piquet par les considérations suivantes : Avec le pâturage en liberté, un animal, bœuf ou cheval, gâte et gaspille une grande quantité d'herbe, 1º par ses courses, 2º en marchant sur l'herbe et en s'y couchant, 3º il y a nécessairement une inégale répartition des engrais, 4º l'animal choisit ses aliments, l'herbe dédaignée monte et devient dure ; celle qui n'a été mangée que par son extrémité est foulée aux pieds, pourrit et repousse maigre et rare, 5º le terrain étant toujours découvert par la dent des animaux, les intempéries et les sécheresses empêchent le pré naturel ou artificiel de pousser, comme le fait celui qui est abrité par une plante épaisse et élevée, 6º une grande partie du fumier se perd dans les chemins et sur les pâturages où, si on ne le ramasse pas, il est desséché par le soleil qui en pompe à peu près tous les principes actifs. Si l'on concluait en faveur du pâturage au piquet par le cheval ou par le bœuf à l'engrais, mais non par la vache laitière, qui, à poids égal, mange le double et ne s'accommoderait peut-être pas, ni de cette gêne, ni des négligences possibles et probables, nous avons, au besoin, pour cette dernière, le fauchage et la stabulation pour remplacer le pâturage au piquet d'une manière avantageuse, quand le terrain avec les amendements qu'on lui donne, peut donner une récolte fauchable. Le pâturage au piquet, profitable et économe demande des soins et une bonne répartition, si l'on ne veut pas en perdre tous les avantages. Le fauchage et la stabulation lui sont préférables.

Le fauchage assure une ration plus exacte et plus abondante qu'au besoin et au point de vue hygiénique, on peut donner dans une cour, sous des hangars et dans les pâturages même. Ce dernier mode d'exploitation, quand on peut l'employer, permet de nourrir un plus grand nombre de bestiaux. Un des agronomes les plus distingués de l'Angleterre, dit que si l'on fauche les herbages au lieu de les faire consommer sur place, on nourrirait *quatre fois* autant d'animaux au vert à l'étable, qu'on en peut nourrir en les envoyant pâturer. Cette estimation est un peu exagérée, sans doute, mais quiconque a sérieusement étudiée la question, reconnaîtra que pourtant elle a beaucoup de vrai.

Le bétail, au pâturage, profite moins parce qu'il est soumis à toutes les influences atmosphériques et à toutes les variations d'abondance et de privation résultant de la richesse ou de la maigreur des pâturages et se trouvant ainsi sans cesse et tour à tour bien aujourd'hui, mal demain.

On serait prévoyant si l'on plantait, comme nous l'avons

déjà dit, quelques pommiers à cidre dans les pâturages, pour servir d'abris aux bestiaux dans les fortes chaleurs et procurer à la ferme une boisson saine et utile. L'herbe n'en serait pas moins bonne en espaçant les arbres de 12 mètres, et l'on aurait deux récoltes au lieu d'une. Il faut préférer les arbres produisant des pommes amères, qui sont moins recherchées par les maraudeurs et donnent un cidre meilleur.

Le mode d'exploitation des herbages est plus lucratif que la culture des terres en labour : les frais de main-d'œuvre sont beaucoup moindres ; les chances de médiocre et même de moyenne récolte sont rares pour les prairies, la surveillance se borne à peu de chose, et la réussite enfin est assurée pour l'herbager habile qui sait acheter ses bestiaux et soigner ses pâturages.

Un de nos amis, outre les vergers qui entourent sa ferme, convertit le quart de ses terres labourables en pâturage au piquet, avec des semence de fétuque, ray-grass, vulpin des prés, luzerne, sainfoin et trèfle, pendant trois ans alternativement, et en retire un bon produit, puisqu'il nourrit plusieurs têtes de gros bétail à l'hectare en restreignant en sus ses frais de culture. Chaque pâturage, amendé par les déjections des bêtes au piquet et les gazons, offre un défrichement avantageux.

Fanage.

On fauche ordinairement trop tard les herbes des prairies et l'on attend qu'elles soient trop mûres et dégarnies de leurs feuilles, tandis qu'il faudrait les faucher quand elles commencent à fleurir, ce qui anéantirait, ainsi que nous l'avons déjà dit, les mauvaises herbes annuelles qui se propagent de semences. L'herbe fauchée avant la floraison épuise moins, en outre, le sol que les récoltes granifères.

Il faut faucher également et uniformément, ras de terre, car l'herbe est plus fournie au pied, et s'il restait des ados, ils faciliteraient des dépôts lors des irrigations ou débordements des eaux et par suite l'irrégularité du sol qu'on ne saurait trop égaliser avec un rouleau, après chaque coupe.

On se sert pour retourner l'herbe et la mettre en ramées de grandes fourches de fer, légères et à deux dents un peu recourbées.

La veille de la coupe de l'herbe, on donne un arrosage pour la rendre plus tendre. On ne doit jamais la couper avant la disparition de la rosée pour qu'elle ne jaunisse pas en andains.

Il est opportun, surtout par un temps pluvieux, de ne pas laisser le foin sur le sol et de le placer sur une pyramide mobile dont la hauteur est de 1^{m}50, et qui est composée de trois piquets réunis par le haut, espacés par le bas et formant trois pans. A l'angle de chaque pan il y a des chevilles de 50 en 50 centimètres, pour y poser des barres transversales.

On peut, en place de cette pyramide mobile, se servir d'un anneau en fer ou en osier, du diamètre d'environ 40 centimètres, et, ce qui serait mieux, d'une chaîne avec crochet qui permette d'agrandir ou retrécir l'anneau à volonté. On y passe 5 ou 6 bâtons d'une longueur de près de

1 mètre 50 centimètres, qu'on écarte ensuite en faisceau en forme d'X, en tous sens, pour les fixer. L'anneau se place au milieu ou vers le haut des bâtons, au gré des faneurs. C'est une base solide sur laquelle on pose le meulon de foin qui séchera rapidement, sans que les couches inférieures pourrissent au contact de la terre.

C'est simple, ingénieux et à la portée de tous les cultivateurs; c'est surtout utile pour les trèfles que ne doivent être remués que le moins possible, pour ne pas perdre leurs feuilles qui constituent le principal mérite de ces sortes de foin et pour ne pas étouffer la seconde coupe à l'endroit des ramées.

Dans le Tyrol, on se sert de perches de 15 à 20 centimètres de circonférence et de 1 mètre 50 centimètres environ de longueur, qui portent vers leur extrémité supérieure 3 ou 4 petites traverses en croix. On fiche ces perches dans la prairie dès que l'herbe est coupée, on la réunit sur les perches en assez gros tas sans qu'elle touche à terre. La forme convexe que prend l'herbe la soutient et sert à rejeter la pluie; l'air circule de tous côtés et le foin peut ainsi rester plusieurs jours et même plusieurs semaines sans danger. Cette méthode n'exige qu'une minime dépense qui, une fois faite, ne se renouvellera même plus.

Lorsque le temps est pluvieux ou humide, il est difficile de faire sécher le trèfle convenablement pour le conserver. On peut se servir alors d'un moyen très-simple que nous avons vu employer avec succès: on alterne, lors de la rentrée de cette récolte, des couches de trèfle et des couches de paille très-sèche; cette paille absorbe une grande partie de l'humidité du trèfle, dont elle prend le goût et l'odeur. C'est, en outre, un moyen d'augmenter une nourriture très-saine et fort recherchée par les bestiaux.

Si l'on ne peut rentrer bien secs les foins des prairies naturelles, le meilleur moyen de les employer avantageusement est de se servir de la même méthode que celle ci-dessus indiquée pour récolter les trèfles humides, de les saler par aspersion avec 1 kilogramme de sel par 100 kilogrammes de foins pour les empêcher de fermenter et pour qu'ils deviennent une nourriture savoureuse et recherchée pour les bestiaux.

Quand le temps est beau il est inutile de se presser, car les foins en grosses ramées complètent leur maturité et sont alors de bonne garde.

Le fanage des regains est, à cause de la saison où les nuits sont déjà longues et les rosées du matin abondantes, plus difficile que celui des foins. On emploie avec succès de la longue paille qu'on éparpille sur le pré entre les andains; le regain est jeté dessus aussitôt qu'il commence à subir un premier degré de dessication. Le même jour, et sans attendre les rosées de la nuit suivante, le regain, mélangé avec la paille, est mis en petites ramées. Ainsi préparé, il ne subit pas, comme celui mis en ramées sans mélange, une prompte fermentation, parce que la paille sèche absorbe une grande partie de son eau de végétation. La paille, en favorisant la dessiccation du regain et en empêchant sa fermentation, se sature de l'odeur des plantes, et les bestiaux mangent ce fourrage avec plus d'avidité.

On doit réparer la maçonnerie des écluses ou barrages

pendant la fenaison, avec le mortier que nous avons indiqué au chapitre de l'*Irrigation*, afin de pouvoir s'en servir pour les irrigations du regain.

Pratique du Drainage.

L'utilité du drainage (*Assainissement des terres*) pour les terrains humides ou argileux, et les immenses avantages qui en résultent pour l'économie rurale des contrées où il est pratiqué, doivent engager les cultivateurs et les propriétaires à l'adopter immédiatement. L'influence du drainage sur la santé publique est en outre manifeste. Dans certains pays on a vu à la suite de grandes opérations de drainage, disparaître des fièvres intermittentes et les brouillards qui les occasionnent. Nous pensons rendre service aux propriétaires et cultivateurs en traitant succintement cette matière dans un ouvrage que la modicité de son prix met à la portée de tous.

Le drainage se fait de deux manières : d'abord par des *fossés couverts* qui, outre l'inconvénient d'exiger des curages fréquents, sont fort incommodes pour la circulation des instruments aratoires, dangereux pour les bestiaux, et qui enlèvent leur emplacement à l'agriculture; puis par des *fossés couverts*, dont nous allons plus spécialement nous occuper, et qui constituent particulièrement le drainage.

Pour se convaincre de l'utilité du drainage, il suffit de prendre un pot à fleurs. Le trou placé au fond de ce pot permet le renouvellement de l'eau qui en sort à mesure, après avoir abandonné ses principes fécondants et rendu solubles les aliments destinés à nourrir la plante. S'il n'y avait pas de trou au fond de ce pot, l'eau qui y séjournerait empêcherait l'eau nouvelle d'y pénétrer, et ne tarderait pas à se corrompre et à pourrir les racines.

Le drainage diminue sensiblement l'adhérence de certains sols en rendant, dit *Naville*, leur accès plus facile aux agents extérieurs. Ce fait est très-simple : l'eau qui remplit les interstices du sous-sol, trouvant une issue facile, n'y séjourne plus, elle s'écoule peu à peu au dehors en laissant vides les espaces qu'elle occupait d'abord, par un tirage qui dure jusqu'à ce que, l'eau venant à manquer, le vide soit rempli par l'air extérieur qui s'introduit à travers les pores de la terre depuis la surface jusqu'au fond de la couche drainée. En un mot le drainage fait circuler l'eau, l'air et la chaleur dans le sol et les y maintient dans un équilibre favorable à la végétation, car ce renouvellement, autour des racines, des principes les plus nécessaires à l'alimentation des plantes, permet aux végétaux de se développer dans les meilleures conditions possibles.

Une terre, dit *Stephens*, qui retient l'eau en hiver, lors même qu'elle serait brûlée pendant l'été, est en mauvais état, attendu que les terres qui se dessèchent réclament autant de drainage que celles qui s'imbibent, les drains ou fossés couverts ayant pour effet de donner aux terres que l'été dessèche, une moiteur qu'ils enlèvent à celles que l'hiver a imbibées.

Il est reconnu que plus les terres sont argileuses, plus

elles tendent à absorber l'eau et plus elles sont exposées à souffrir de cet état d'humidité.

Ainsi, pourquoi a-t-on tant de peine à obtenir sur ces terres des récoltes à racines longues comme la luzerne ? C'est parce que ces plantes y trouvent toujours, près de la surface, de l'eau en excès qui nuit à la végétation de leurs racines, ne leur permet pas de descendre à une grande profondeur et ne leur laisse embrasser qu'une faible couche de terre. Un autre obstacle pour ces plantes provient de la cohésion du sol qui s'augmente en raison de la plus grande quantité d'eau que la terre peut absorber. Ces mêmes plantes ne peuvent y réussir, parce que la terre intercepte complètement l'accès de l'air à diverses profondeurs et que la ténacité du sol les empêche de s'étendre dans tous les sens.

Une autre propriété bien grave des terres argileuses et glaiseuses, dit le docteur *Sacc*, c'est de se dessécher sous l'influence d'une chaleur continue : elles se contractent alors, se gercent en tous sens en entraînant avec elles les racines des plantes qu'elles cassent de manière à faire périr les végétaux.

L'effet inverse se présente en hiver, quand les terres retiennent beaucoup d'eau, parce qu'en passant à l'état de glace, ce fluide augmente tellement de volume, qu'il soulève de toutes parts la superficie de la terre avec les plantes qu'elle porte. Quand le dégel survient, la glace, repassant à l'état d'eau, tombe avec la terre qu'elle imbibe, laissant en l'air les racines des plantes.

Le drainage, au contraire, permet à ces racines de s'enfoncer plus avant et librement dans le sol, de prendre ainsi une plus forte somme de nourriture et de puiser la moiteur qui leur est nécessaire.

Il est maintenant reconnu que les terres drainées peuvent être labourées plustôt au printemps et plus tard en automne, qu'elles donnent un produit meilleur, plus assuré, plus considérable et se cultivent plus facilement.

Le drainage n'est pas une invention nouvelle et, sans remonter à *Columelle, Caton, Varron, Virgile, Palladius,* nous le retrouvons établi depuis longtemps et particulièrement dans le Boulonnais, où, sans y porter le nom technique, il a produit de merveilleux résultats sous le nom de *fossés couverts.*

On distingue facilement, au commencement du printemps ou après une pluie, dans les terres labourées, celles qui ont besoin d'être drainées, par leur couleur plus brune que celle des terres à côté où le drainage n'est pas indispensable.

La présence des mousses de terre et d'arbres témoigne aussi de la nécessité du drainage, même ailleurs que dans les terrains bas.

On reconnaît qu'un terrain doit être drainé : — 1° Quand, pendant l'hiver ou après de fortes pluies, l'eau séjourne à la surface du sol, dans les sillons ou dans un trou qu'on a creusé à dessein ; 2° Quand la surface amollie cède sous le poids des hommes ou des animaux ; 3° Quand de grandes taches foncées apparaissent çà et là, au printemps, après que la terre est labourée ; 4° Quand les labours ne peuvent se faire que tardivement et difficilement au printemps, et lorsqu'on ne peut labourer que quinze jours environ après une pluie abondante ; 5° Quand les jeunes plants sont sujets à la gelée et lorsqu'après les gelées et dégels ils sont soulevés et déchaussés ; 6° Quand les prairies produisent de la mousse, des joncs, des plantes aquatiques, une herbe rude et grossière.

On demande souvent s'il y a en France beaucoup de terrains où le drainage serait appliqué avec avantage.

Une instruction sur le drainage, publiée par la commission hydraulique du département de la Sarthe, répond ainsi :

« Les terrains auxquels le drainage est appliqué avec l'utilité la plus évidente sont les *terres froides, compactes, et les terres fortes*. Les premières sont précisément dans le cas du pot à fleurs dont le fond ne serait pas percé. Des engrais, même abondants, ne peuvent leur donner qu'une médiocre fertilité ; il faut, en effet, pour que les engrais agissent utilement, qu'ils subissent dans le sol une fermentation telle, que les racines y trouvent toutes les substances nécessaires à leur développement, et cette fermentation ne peut se produire que sous l'influence de l'humidité, de la chaleur et surtout de l'air.

» Une eau stagnante dans le sol ne convient qu'à la nutrition de certaines plantes à tissu lâche et spongieux telles que joncs, roseaux, etc., qui remplacent les plantes utiles dont les racines pourrissent.

» Les vents du printemps tendent bien à dessécher la couche superficielle, mais si le terrain a un sous-sol imperméable, l'eau souterraine remplace souvent celle qui s'évapore, refroidit le terrain, affaiblit les plantes et retarde leur croissance et leur maturité, lorsqu'elles n'ont pas été détruites par les gelées et les dégels successifs.

» Quant aux terres *fortes* ou *argileuses*, elles ont à la fois la propriété nuisible de ne pas laisser pénétrer assez facilement l'eau de la surface, et de la retenir trop fortement lorsqu'elles en sont imprégnées. Il en résulte que, suivant les saisons, elles pèchent alternativement par un excès de sécheresse et par an excès d'humidité. La dureté qu'elles acquièrent, sous l'action prolongée des vents et du soleil, arrête tout-à-fait la végétation ; car la grande cohésion du sol, outre qu'elle est un obstacle physique à ce que les racines s'y étendent, intercepte l'accès de l'air et de l'eau qui sont nécessaires pour qu'elles puissent se nourrir.

» Le plus grand inconvénient qui résulte pour l'agriculture de la nature des terres argileuses, surtout quand on ne peut modifier la consistance et les propriétés par l'emploi de la marne, c'est la grande difficulté de les cultiver. Si l'on s'y prend trop tôt, la terre est trop dure ; si l'on attend trop tard, le sol est détrempé et pâteux. Dans les deux cas on ne fait qu'un mauvais travail, et il est très-rare que les semailles réussissent.

« L'expérience a prouvé que si le drainage est éminemment utile pour ces deux classes de terrains, il peut encore convenir pour les terrains qui participent de la nature de l'une ou l'autre. »

Il ne faut pas oublier, avant de commencer un drainage, de s'assurer un libre écoulement des eaux à l'extrémité inférieure du champ à drainer.

Pour procéder à l'exécution d'un drain, on commence d'abord par examiner la pente à lui donner qui souvent est celle naturelle du terrain, la configuration et la nature du champ étant les meilleurs guides à suivre pour cette exécution ; puis, on tend le cordeau destiné à limiter la largeur du drain au sommet. Le terrassement est commencé par la partie du champ la plus basse, en mettant la terre végétale à part pour la remettre à la surface lors du remplissage. Le minimum de la pente est d'un demi-centimètre par mètre courant. Il ne faut pas que la pente soit trop considérable, afin que la vitesse de l'eau ne soit pas une cause de dégradation.

La meilleure direction à donner aux drains est celle de la plus grande pente du sol à moins que cette pente ne dépasse celle de quatre centimètres par mètre, qui est la plus rapide qu'on puisse donner aux drains. Une tranchée ouverte transversalement à la pente générale du sol ne reçoit d'eau que de la partie de ce terrain qui lui est supérieure. Le drain placé dans le sens de la pente reçoit, au contraire, l'eau des deux côtés.

Les tranchées doivent être larges de 50 centimètres à la surface et de 20 centimètres dans le fond, avec une profondeur moyenne de 1 mètre 20 centimètres, afin que les racines n'obstruent jamais les drains et que l'eau puisse y arriver d'une plus grande surface. D'un autre côté, les vers recherchent l'humidité, et plus les drains sont profonds, plus bas vont les taupes les chercher pour en faire leur nourriture et donner ainsi par leur passage des conduits d'assèchement.

Si l'on s'aperçoit que les terres tendent à s'ébouler, on

place de courtes planches contre les deux parois en les y maintenant par des barres posées horizontalement.

Quand les drains sont percés, on vérifie la pente avec un niveau d'eau, si elle est peu sensible ; puis on place à chaque extrémité deux jalons, vulgairement appelés *nivelettes*, et on en promène un troisième dans le drain, tandis qu'une personne, placée à l'une des extrémités de la tranchée, s'assure ainsi de la pente uniforme.

Les drains étant ainsi percés, on y verse immédiatement des cailloux de la grosseur moyenne d'un œuf de poule à une hauteur de 22 centimètres. Un mètre cube de cailloux suffit pour drainer ainsi 20 mètres de longueur. Quand on a des cailloux de différentes grosseurs, on met les plus petits en bas, l'eau aura pour couler de plus nombreux interstices'; en effet, elle s'échappera mieux à travers une quantité de petits cailloux que si elle rencontrait pour obstacle un gros caillou formant barrage. Les petits cailloux, c'est facile à comprendre, sont les meilleurs pour favoriser l'écoulement de l'eau.

Après le nivellement des cailloux, on met une couche de longue paille pardessus, afin que la terre dont on les recouvre n'entre pas dans leurs interstices. Il faut avoir soin de mettre la meilleure terre à la surface.

Les matériaux les moins coûteux, dit *Naville*, sont les pierres et cailloux. Ils présentent l'avantage de résister mieux à la pression des instruments de culture et des attelages, sans se déranger comme les tuyaux. On ne se sert en Angleterre de tuyaux en terre cuite qu'à défaut de ces matériaux. Les cailloux sont préférables aux pierres qui, avec le temps, s'usent et occasionnent des dépôts obstructeurs. Leur forme ronde facilite mieux l'écoulement de l'eau que des pierres plates et susceptibles de se réunir avec adhérence.

Ils doivent être amenés à pied d'œuvre avec des tombereaux ou brouettes à claies assez larges dans le fond pour que la terre qui les entoure puisse s'en séparer facilement et n'obstrue pas les conduits.

Plus les drains sont profonds moins ils doivent être nombreux. Ils sont espacés, terme moyen, de 10 mètres pour 1 mètre de profondeur, de 15 mètres pour 1 m. 15 c., de 17 mètres pour 1 m. 20 c., et de 20 mètres pour 1 m. 30. On comprendra qu'un écartement moins grand ne peut qu'être favorable au terrain drainé, surtout s'il est fort humide.

Ainsi faits, ils coûtent à peine 15 centimes par mètre courant, soit 150 francs, terme moyen, par hectare. Ils valent mieux que ceux faits avec des tuyaux en terre cuite, qu'on est souvent obligé de se procurer à grands frais et à de longues distances, quand souvent on a sous la main des cailloux convenables.

Ces tuyaux, posés bout à bout, qui peuvent, ainsi que nous l'avons dit, se déranger facilement par le tassement des terres ou la pression des attelages et cesser ainsi de fonctionner, absorbent moins d'eau que les drains en cailloux, qui contiennent beaucoup plus d'espace et peuvent recevoir ainsi plus d'affluents.

Les partisans du drainage avec tuyaux vont se récrier et dire que les drains en cailloux s'obstrueront. Cette obstruction est moins possible que celle des sources qu'on voit sortir des graviers, mêlés de terre, depuis plusieurs siècles.

Les drains avec des tuyaux n'offrent réellement d'avantage que lorsque ces tuyaux sont recouverts d'un peu de cailloux ou pierres et, en ce cas, la dépense est à peu près double.

Ils sont cependant fort utiles dans les localités où l'on ne rencontre ni cailloux ni pierres ; mais nous ne les conseillons qu'à défaut de ces matériaux. Alors il est urgent de choisir des tuyaux bien cuits et de les recouvrir, à défaut de cailloux ou pierres, de longue paille qui, au cas du dérangement des tuyaux après leur pose, servirait pour le raccordement entr'eux soit par elle-même, soit par les vides qu'elle laisserait en pourrissant.

Les drains doivent être éloignés les plus possible des arbres et haies, pour empêcher les racines de les obstruer.

Pour drainer avantageusement, on fait une ligne transversale au haut du champ, pour recevoir les eaux qui proviennent de ceux supérieurs, et on la fait communiquer obliquement à l'une des lignes de desséchement et mieux à toutes. Lorsqu'il y a dépression de terrain en forme de vallée, avec deux pentes opposées, on peut ramener tous les drains dans un seul conduit collecteur placé dans le fond.

La jonction des drains avec le collecteur qui, dans tous les cas, se trouve placé dans la partie la plus basse du terrain, ne doit pas se faire perpendiculairement, mais obliquement, pour former angle aigu, afin de ne pas ralentir ni obstruer le cours de l'eau par des dépôts de vase, ce qui arrive toujours quand deux cours d'eau se rencontrent d'équerre. Quand des drains arrivent de deux côtés vers un collecteur, il faut éviter qu'ils s'y rencontrent l'un et l'autre par le motif ci-dessus énoncé.

Si la pente du terrain est très faible, et même toutes les fois que cela sera possible, les maîtres-drains seront plus profonds que leurs affluents, malgré l'avis de *Parkes*, afin que l'eau des drains secondaires ne soit pas refoulée lorsque l'eau abonde dans le drain principal, puis ils seront moins profonds à leur naissance pour obtenir la pente suffisante qui leur manquerait.

Lorsque le terrain offre une déclivité uniforme, le collecteur sera, comme nous venons de le dire, établi dans le fond du champ. Si le terrain présente, au contraire, une forme ondulée, chaque partie creuse devra avoir son collecteur. Tracés selon la ligne de déclivité du sol, les drains auxiliaires formeront une série de lignes parallèles, sans que cette condition implique un système unique de parallélisme. Chaque série correspondra à chaque inclinaison particulière dans les sols fractionnés en plusieurs plans et de configurations variables, pour toujours suivre la pente du terrain.

Les collecteurs auront à leur extrémité inférieure, quand cela sera possible, une pente plus rapide pour se débarrasser plus facilement de l'eau qu'ils reçoivent. Ils devront avoir une capacité en rapport avec l'eau qui leur sera donnée par les drains affluents.

L'effet du drainage n'est pas immédiat, mais, dit *Stephens*, plus particulièrement après jachère.

Il est bien entendu que le drainage ne peut pas dispenser d'engrais, puisqu'en rendant les terres plus perméables il leur communique une plus grande activité. Il dispose la terre à donner des produits plus abondants avec la même quantité d'engrais, surtout lorsqu'il est aidé par des labours profonds.

Il ne peut avoir lieu dans les bois que par des fossés ouverts, à cause des racines qui pourraient obstruer les drains.

Dans les terres tourbeuses et autres dont le fond n'a pas assez de solidité pour supporter uniformément les cailloux ou tuyaux, nous employons avec avantage de longues fascines d'aune, bien liées, qu'on recouvre de longue paille ou herbes sèches, avant de rejeter la terre dans les fossés. Le gros bout des branches doit avoir une direction contraire à la pente, afin que l'eau puisse suivre plus facilement les ramilles sans rencontrer pour obstacle la naissance de chaque branche au corps principal. On sait que le bois d'aune se conserve longtemps en terre. Un drainage semblable fonctionne à Witernesse (Pas-de-Calais), depuis plus de cinquante ans, sans interruption ni obstruction, bien qu'il soit moins profond que ceux que l'on fait actuellement.

Il ne faut pas oublier que l'eau stagnante détruit et que celle qui ne fait que passer fertilise.

Les améliorations agricoles profitant ordinairement aux bestiaux, il en résulte que le drainage augmentant la quantité et le produit des fourrages, les bestiaux qui les consomment produisent plus de lait, de viande et d'engrais.

Nous n'insisterons pas davantage sur l'utilité du drainage et les bénéfices qu'il procure, car nous pourrions être accusé de douter, de l'intelligence de nos lecteurs ; qu'il nous suffise de dire, en terminant, que c'est de l'agriculture *progressive* et *économique*.

Culture des Oseraies.

Les oseraies sont d'une haute importance, et leur mode de culture offre des particularités qui ne sont pas assez connues.

La vannerie, dans les départements du Pas-de-Calais et du Nord, est l'objet d'un commerce très-important. Les produits en sont expédiés dans les principales villes de France, en Angleterre, en Amérique, etc. Les corbeilles, les paniers et une quantité d'autres objets subissent, selon les besoins et les caprices de la mode, des formes très-variées.

Sur les bords de la Lys et de la Laquette, dans les environs d'Aire, Béthune et Fruges, (à Fléchin, Lugy, Mametz, Choques et Witternesse), les oseraies ont depuis quelques années pris un grand développement.

Il ne faut pas confondre la culture des osiers avec celles des saules. L'osier réussit dans les terrains bas, frais, argileux ou d'alluvion. L'irrigation des eaux pluviales ou le limonage, quand cela est possible, est très-favorable au développement des plants. Les terrains tourbeux ou trop légers conviennent peu pour y faire des oseraies, parce qu'ils n'offrent pas assez d'appui quand on coupe les osiers dont les souches manquent alors de résistance ; il est plus avantageux d'y planter un taillis d'aulnes ou saules, avec des peupliers du Canada à haute tige, espacés de 5 à 10 mètres et dont les produits réunis donnent, après 20 à 25 ans, un résultat de 200 à 300 francs par hectare et par année. Les pépinières de bois tendre donnent dans ces terrains un revenu supérieur, quand on peut être assuré de la vente des plants qu'elles produisent. Les oseraies exigeant des terrains bas, on peut avec avantage assainir, ainsi que nous l'avons fait, des terrains vagues, marécageux et improductifs, au moyen de fossés larges et profonds, et les convertir ainsi par des remblais en oseraies qui rendront au centuple les frais qu'elles auront occasionnés pour leur formation. La salubrité publique ne peut que profiter de la suppression de ces terrains marécageux.

Les osiers qu'on doit préférer pour la plantation sont : 1° L'osier jaune (*Salix vitellina*, Linn.) ; 2° L'osier franc (*Salix viminalis*, Linn.); 3° L'osier dit « bâton ou blanc bonnet, » non classé par Linné, n'ayant pas moins d'un mètre quatre-vingts centimètres d'un seul jet et branchu à la tête.

Préparation du terrain.

Avant l'hiver on bêche le sol à une profondeur de 35 à 40 centimètres, de manière à laisser peu d'interstices entre les pelletées. Le terrain est disposé en planches d'environ 10 mètres de largeur et en ados, séparées par des fossés d'écoulement ayant de distance en distance des arrêts pour retenir le limon des eaux pluviales qu'on y fait couler. On ne creuse ordinairement les fossés qu'au fur et à mesure qu'on a besoin de terre pour recharger plus tard les oseraies.

surtout quand on ne peut obtenir de limon. Après l'hiver, du 15 mars au 1ᵉʳ avril, le terrain étant suffisamment desséché, on houe la terre et on herse pour égaliser la surface.

Plantation.

On coupe du 15 mars au 1ᵉʳ avril les plus beaux osiers qu'on raccourcit, en commençant par le bas, par tronçons de 20 à 25 centimètres, ayant une circonférence de 2 à 3 centimètres. Le sommet de ces osiers, qu'on appelle vulgairement *queuées*, est réuni en un mont. La plantation se fait immédiatement en lignes droites et espacées de 38 centimètres. Les tronçons raccourcis, dits, « billes », y sont plantés de 33 en 33 centimètres de distance, enfoncés dans toutes leur longueur à la main ou avec une batte et de manière que l'œil terminal de chaque plançon donne son jet dans la direction ascendante. On se sert à cet effet d'un cordeau ayant des nœuds à chaque longueur de 33 centimètres, afin que les planteurs n'hésitent pas pour obtenir des espacements égaux au préjudice du temps qui, suivant un proverbe anglais, est plus précieux que l'argent. Il ne faut pour une semblable plantation d'un hectare que 79,000 fiches ou plançons. Les sommets des plants, dits *queuées*, se plantent à part à égale distance, en les enfonçant à environ 20 centimètres et en raccourcissant un peu le haut de chaque tige.

Il faut avoir soin que les osiers ne soient pas trop en sève, car le plant se pèlerait et quitterait son écorce par son enfoncement en terre.

Immédiatement après la plantation ou lors d'un premier sarclage à la houe, quelques cultivateurs répandent de la semence de carottes qu'ils recouvrent ensuite avec un rouleau ou une herse retournée sur une brassée d'épines. Par ce mode de culture et les sarclages, ils empêchent la croissance des mauvaises herbes et font une récolte dérobée de carottes à la chute des feuilles.

Entretien et récolte.

Les plantations doivent être soigneusement sarclées à la main chaque année en juin et août, outre le sarclage à la houe qui se fait fin de mars ou au commencement d'avril. Après deux ou trois récoltes, il faut curer les fossés et recharger les oseraies pour donner plus de pied et de l'engrais aux souches. A défaut, on y amène des terres : celle d'alluvion sont les meilleures.

On évitera, dans les oseraies, l'entrée des bestiaux qui foulent les plantes et mangent les nouvelles pousses.

En avril et jusqu'en juin, il est nécessaire, quand on le peut, d'arroser les oseraies qui seraient peu humides ; les eaux pluviales sont les plus fertilisantes. Lorsqu'une oseraie s'éclaircit par la disparition des souches, on fait de petits fossés dans lesquels on couche des osiers adhérents à leurs souches et on y jette quelques pelletées de terre, en laissant des intervalles vides pouvant faciliter la pousse de quelques rejetons.

La récolte des osiers se fait vers le 15 mars quand ils sont destinés à la grosse vannerie, et quelques semaines plus tard, en pleine sève, quand ils doivent être pelés pour la fine vannerie. Ils doivent être coupés rez de terre et par un vent qui ne souffle pas du nord, avec une serpe ayant le pli d'une truelle. La grosseur et la forme des bottes varient suivant les localités et les marchés arrêtés avec les marchands qui les achètent presque toujours avant la récolte.

Les oseraies souffrent moins quand la récolte se fait du **15 mars au 1er avril**. Elles rapportent, terme moyen, 300 fr. par hectare, frais déduits : si on en connaissait mieux le rapport, beaucoup de terrains marécageux ou humides seraient améliorés et assainis.

Dans les pays de fabrication d'huile et de cidre, comme dans les vignobles, on ne récolte les osiers que tous les 4 ou 5 ans pour obtenir des cercles. A cet effet, on émonde chaque année les osiers pour ne laisser à chaque souche que 3 ou 5 tiges, suivant la force du plant.

Le mode d'exploitation des terrains bas et humides doit être subordonné à l'écoulement le plus facile et le plus avantageux de leurs produits.

Nous réitérons ici le vœu déjà émis de voir utiliser les marais et autres terrains communaux, alors qu'ils produisent à peine de quoi payer les impôts qui les grèvent. Espérons qu'il sera bientôt apporté à ces terrains une prompte amélioration que réclament à la fois l'agriculture et la salubrité.

Ce travail est moins le résultat de nos expériences que de celles de nos amis qui nous ont aidé et des recherches que nous avons faites dans les 125 journaux, ouvrages et auteurs ci-après cités :

« Accum, Adanson, Arago, Ballet, Barral, de Bazelaire, Benard, Bertin, Bertrand, Boitard, Bodin, Bonjenne, Borce, Bossin, Boussingault, Bravy, Brebisson, J. Bujault, Carrière, Cavalier, Chesnon, Courrier universel, Demoor, Deby, Dauverné, Déterville, Dubief, Dubois, Dubreuil, Duchêne, Durand, Duval, Encyclopédie d'Agriculture, Encyclopédies moderne et autres, Favrot, la Ferme, de Gasparin, Gaudry, Gazette des Campagnes, F. Gérardi, Girod, Gobin, Goëtz, Gondy, Gossin, Grandchamp, Greff, Grolier, Hervé, l'Industriel Français, Instruction pour le peuple, Isabeau, Issartiers, Jacquemin, Joigneaux, Journal des cultivateurs, Jullien, Kechloff, Labbé, Laffineur, Lauza, Lecoq, Leclercq, Lefour, Le Guicheux, Lemaire, Léorier, Louandre, Maillot, Maison de campagne, Maison rustique, Malaguti, Malepeyre, Moitrier, Demanteuffel, Manuel d'arboriculture, Massé, Mauny de Mornay, Midy, Moll, Moniteur des connaissances utiles, Morière, Mullois, Nadaul de Buffon, Naville, Odolant-Desnos, d'Ourches, Parelo, de Parville, Pasteur, Pellaut, Peplowski, Petit-Demange, Pezanni, Phocas Lejeune, Isidore Pierre, Poulet, Prévost, Provence, Puvis, Rabot, Raillard, Raspail, Revue d'agriculture, Sansom, Saudry, Sud-est, Tatham, Thierry, Thomas, Tompson, Trouillet, l'Utile et l'agréable, Verrier, Vianne, Viau, Vidal, Vigneron, Vignerte, Vignolli, Villeroy, Vinot, Willermoz, etc.

TABLE.

Arbres.	16, 109.
Ados.	103.
Amendements.	7, 8, 16, 34 etc., 127, 136.
Arboriculture.	56.
Arbres languissants.	40 etc., 46 etc., 51, 54.
Arbres (régénération des)	44, 45, 47 etc., 53 etc.
Arrosages.	48, 51, 116 etc., 119.
Barrages.	114, 118.
Bière économique.	93 etc.
Bourgeons.	32.
Boutures.	32, 55.
Caves.	75.
Cendres.	8, 34, 36 136 etc.
Chancres.	52.
Charrois.	137.
Chaulage.	20, 41, 42.
Chenilles.	45, 45.
Cidre (altération des pommiers à)	40 etc.
— avec pommes tapées.	88.
— (conservation du)	60, 67 etc., 82.
— (couleurs du)	83.
— (culture des pommiers à)	2.
— (douceur du)	78 etc.
— dur et aigre.	80, 81.
— économique.	88, 90, 92.
— (fabrication du)	56 etc.
— (fermentation du)	69.

— (force et durée du) 78 etc., 82.
— (maladies du) 78 etc., 84 etc.
— (mauvais goût du) 79, 80.
— qui se tue, file, tourne et reste gras ou
  trouble. 79, 84 etc.
Composts. 8, 34 etc., 133 etc.
Conservation des pommes. 56 etc.
Cueillette des pommes. 56 etc.
Défoncements. 104.
Dessèchements. 101, 134.
Drainages. 146 etc.
Drains (écartement des) 154.
Eau. 61, 113, 115 etc., 121, 125.
Eau de chaux. 41 etc.
Ebranchements. 11, 12, 39.
Ecussons. 30, 51.
Engrais. 7, 18, 38, 55, 104, 127 etc., 130.
Engrais liquides. 34 etc., 37, 54, 125, 130 etc., 132.
Entretien des pommiers. 39 etc.
Entretien des prairies. 127 etc.
Fanage. 142.
Fauchage. 141, 142.
Fentes. 45, 46, 47.
Fermentation du cidre. 69 etc.
Fosses. 18.
Fourmis. 45 etc.
Fumée. 49.
Fumier. 7, 16, 18, 38, 127 etc.
Greffes. 4, 11, 15, 21, 22, 24 etc., 27 etc.
Guano. 8, 37, 42.

Herbages (avantages des)	142.
Herbes (mauvaises)	112, 137 etc.
Herbages	106, 129, 136 etc., 138.
Incisions longitudinales.	45 etc.
Insectes.	44 etc., 49 etc.
Irrigations.	112, 124, 126.
Joncs.	137.
Labours profonds.	5, 104.
Limaces.	44 etc.
Loupes.	53.
Macération des pommes.	60 etc.
Machines hydrauliques.	118.
Mastic.	31.
Mise du cidre en bouteilles.	92.
Mise en perce.	77, 88.
Mise en tonneaux.	65.
Mulots.	7.
Onguent de Saint-Fiacre.	40, 54, 40.
Onguent forsyth.	40.
Oseraies	138 etc.
Paillis.	7, 17, 21.
Pâturages.	108, 139 etc.
Pente.	102 etc., 120.
Pépinières.	2 etc.
Peupliers.	134.
Piquet (pâturage au)	140.
Plantations définitive.	15 etc., 55.
Plants (choix des)	6, 13, 14, 21, 23 etc., 24 etc.
Pommes à préférer.	25, 58, 59, 60, 62, 83.
Pommes pourries.	58.

Pommes (qualités des)	58 etc.
Pommiers (choix des)	21 etc., 23, 58 etc.
Pommiers (culture des)	2.
Prairies.	99 etc.
Pressurages.	63 etc.
Prises d'eau.	113 etc.
Propreté pour fabriquer le cidre.	62.
Puceron lanigère.	8, 43.
Recepage.	10.
Récolte de pommes.	4, 56.
Regains.	145.
Repiquage.	5 etc., 11.
Reprises d'eau.	124.
Réservoirs d'eau.	118, 121, 126.
Rigoles.	103 etc., 112, 120 etc., 134.
Roulage.	104, 106, 107 etc., 124, 129, 136.
Sarclages.	9.
Sécheresse.	9, 48.
Semailles.	105 etc.
Semences d'herbes.	105 etc., 107, 110 etc.
Semis de pépins.	3 etc.
Soutirages du cidre.	74 etc., 86, 87.
Stabulation.	140.
Taille.	12, 21, 32.
Tannée.	34 etc.
Taupinières.	120, 137.
Terreautage.	133, 138.
Tonneaux.	65 etc.
Tourteaux.	132.
Tranches de gazon.	108.

Trèfle.	108, 144.
Tuteurs.	20.
Vinaigre.	96, 97.

FIN.

Saint-Pol. — F. Becquart, imprimeur-libraire.

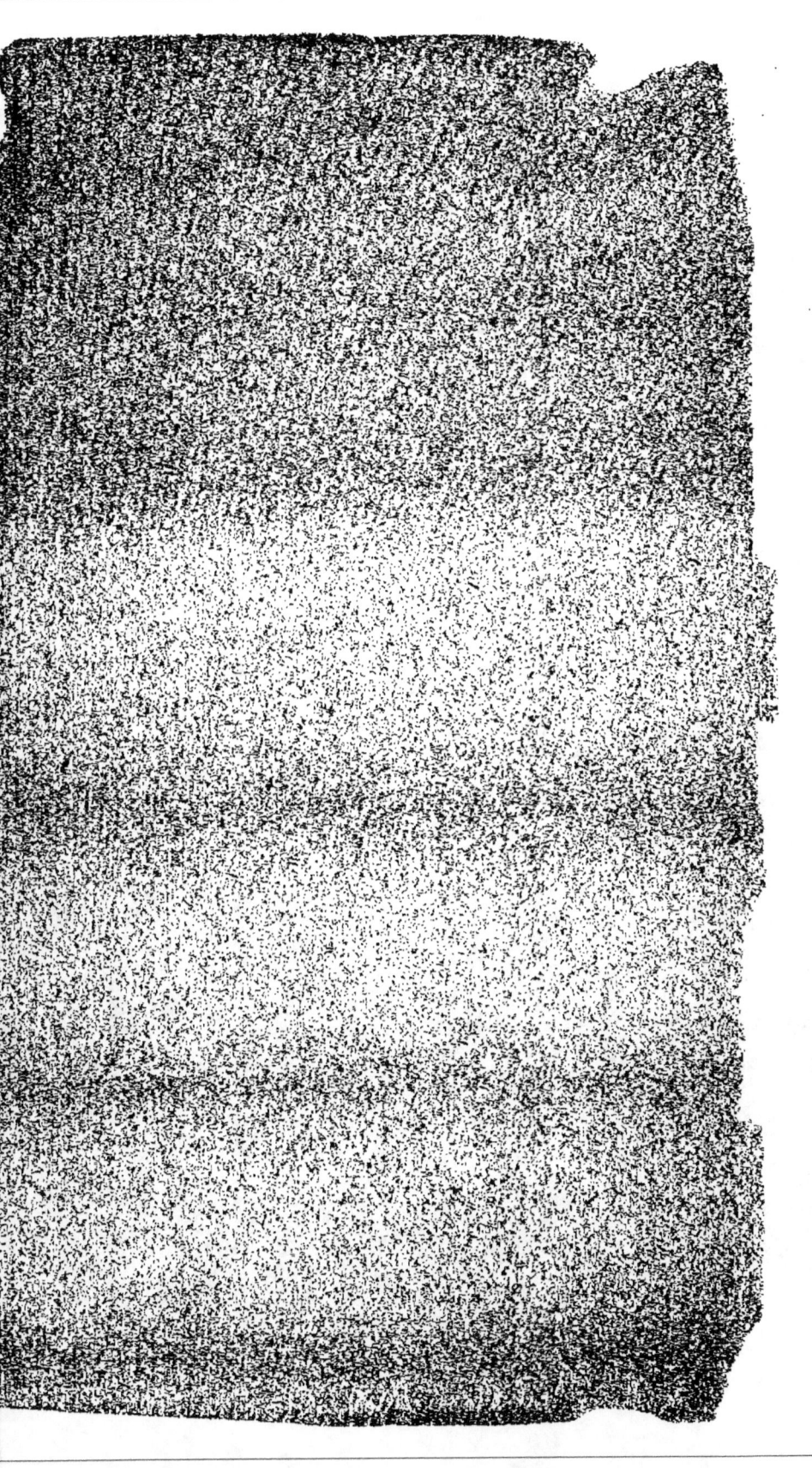

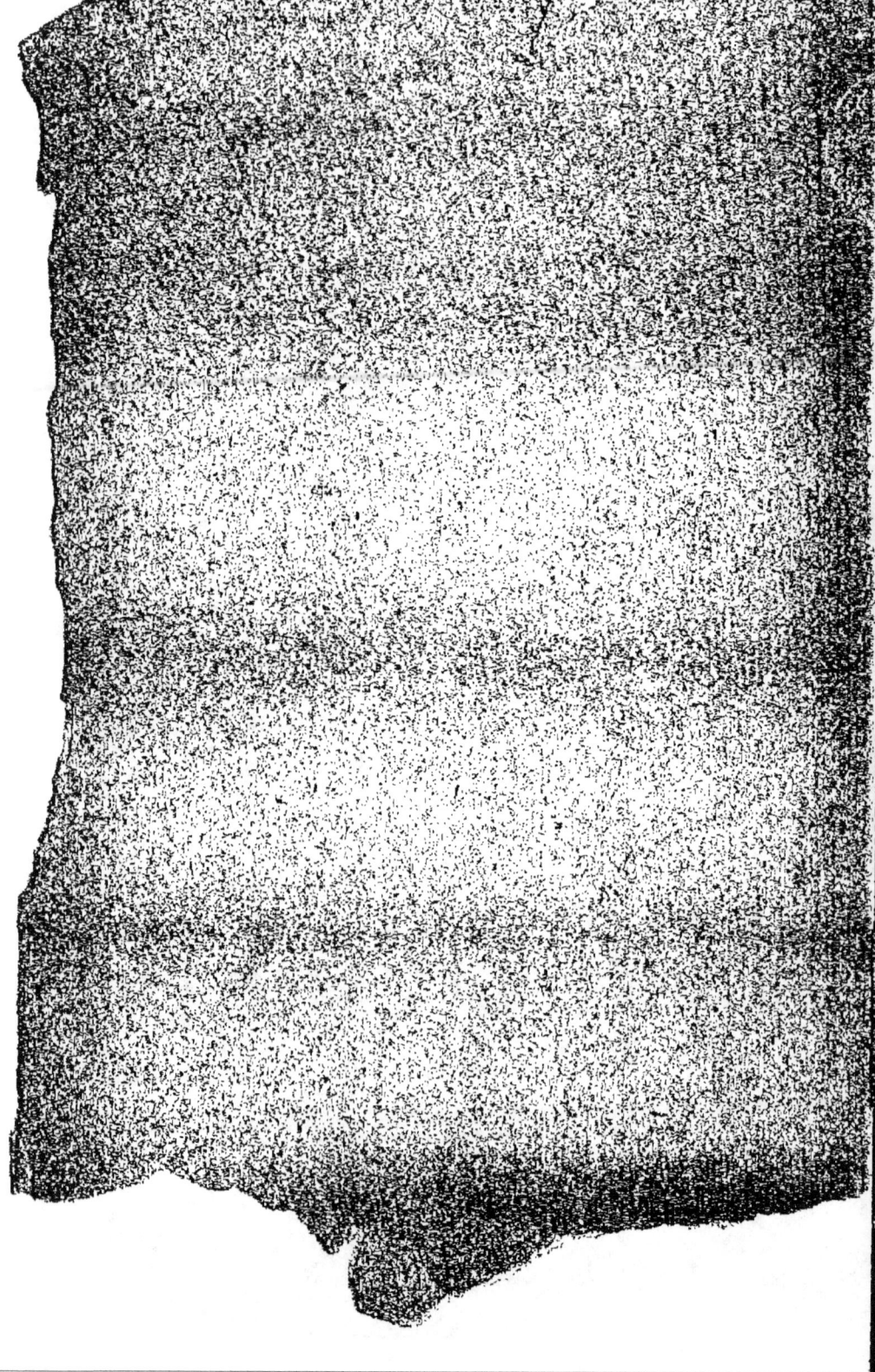

www.ingramcontent.com/pod-product-compliance
Lightning Source LLC
LaVergne TN
LVHW020108100426
835512LV00040B/2058